Waldemar Sardaczuk

BEGEGNUNG MIT DEM WUNDER GENJA

Waldemar Sardaczuk

Begegnung mit dem Wunder Genja

LEUCHTER

Coproduktion

LITERATURDIENST
Aktionskomitee für verfolgte Christen
Postfach 1266, D-63659 Nidda, und

LEUCHTER-VERLAG eG
Postfach 1161, D-64386 Erzhausen

Umschlaggestaltung:
Dieter Illgen, Hannover

1. Auflage: 4000 Exemplare
November 1997

ISBN 3-87482-184-6

Gesamtherstellung:
Schönbach-Druck GmbH, Erzhausen

INHALT

„EHRLICH",

so sagt man häufig – „glaubst du das?" Wenn Wunder erzählt oder beschrieben werden, erwartet man vom Hörer bzw. Leser viel Vorschuß-Glauben, manchmal sogar blinden Glauben: „Ehrlich, ich sage dir, das mußt du einfach glauben!"

Unser Buch soll auch die Ungläubigen, Schwerglaubenden, Zweifler und Kritiker erreichen. Wir haben uns viel Mühe gemacht, die Tatsachen der Heilung Genjas zu ergründen. Viele Menschen können ihre Heilung bestätigen, die Genja auch in ihrer Krankheit kannten.

Ewald Exler, Pforzheim, hat Genja seinerzeit in der Ukraine in ihrem Haus besucht, sie selbst auf dem Krankenbett gesehen und kennt ihre ganze Geschichte. Herr Exler bezeugt, daß die Heilung zweifellos geschehen ist.

Johann Mertes betreute Genja einige Jahre als Geheilte in Litauen als ihr Pastor. Weitere Zeugen finden wir in den USA, in Kanada und vor allem in der Ukraine.

Wir geben diese Dokumente heraus in der Hoffnung, Glauben und Vertrauen zu wecken und zu fördern. Erwarten Sie von Gott Hilfe, beten Sie vertrauensvoll und anhaltend. Gott hat versprochen: „Ich will dich nicht verlassen und versäumen."

Wir haben das Zeugnis Genjas in einfacher Sprache belassen, wie sie es erzählt hat.

Der Herausgeber

BEGEGNUNGEN

Juni 1997: Meine Kriemhilde, Johann Mertes und ich reisten in die USA. Für die beiden die erste Reise in das Land der unbegrenzten Möglichkeiten. Unsere erste Station war Chicago. Im berühmten „Wheaton-College" fand die erste slawische Jugendkonferenz statt, und ich war einer der Sprecher.

Wir trafen viele alte Bekannte von früheren Reisen nach Rußland und die Ukraine. Johann Mertes, unser Missionsleiter für Rußland und die Balkanländer, war ständig umlagert. Ich staunte, wie viele Freunde er in den USA hatte. Seit Ende der achtziger Jahre hat eine wahre Völkerwanderung aus der ehemaligen Sowjetunion in den „Goldenen Westen" begonnen und bis heute nicht aufgehört.

Nach einer anschließenden Predigtreise durch den Westen der USA machte Kriemhilde die Feststellung: Amerika ist wie Rußland. Es wurde russisch gegessen, geschlafen, gesungen und gepredigt. Durch die vielen Gottesdienste, die wir zu absolvieren hatten bzw. halten durften, fanden wir kaum Zeit zu Besichtigungen oder shopping.

Unser Quartier in Seattle fanden wir bei Familie Chudak, ehemaligen Mitarbeitern im Nehemia-Evangelisationsteam für Gemeindepflanzung in St. Petersburg. Ein liebenswürdiges Ehepaar mit reizenden Kindern, noch bemüht, sich in Sprache und Lebensgewohnheiten des neuen Landes einzuleben. Obwohl weit weg von ihrer heimatlichen Ukraine, haben sie „ihre Leute" nicht vergessen. Sie verspüren eine Verantwortung, sich für ihre alte Heimat weiterhin einzusetzen.

Gemeinsam gründeten wir einen NEHEMIA-Missionszweig USA. Das war der Hauptgrund meines Besuches und der vielen Versammlungen. Von den Emigranten-Gemeinden in den USA erhoffen wir Personal, Fürbitte und Finanzen für unsere vielfältigen Missionsaufgaben in Rußland und Osteuropa.

In diesem Haus traf ich auch zum ersten Mal persönlich das „Wunder" Genja!

Unser letzter Tag in Seattle. Wir warten auf Gäste. Alte Freunde von Johann aus seiner Zeit in Estland haben ihren Besuch angekündigt. Während wir warten, erwähnt Johann, daß er sich besonders freue, die Frau wiederzusehen, an der Gott ein Wunder gewirkt hat. Die Rede war von einer Person aus der Ukraine, die viele Jahre verkrüppelt und hoffnungslos krank gewesen war. Plötzlich, in einem Augenblick, war sie vollkommen geheilt worden. Ein Wunder, das damals eine Welle von Bekehrungen, aber auch Verfolgung auslöste. Ehrliche Atheisten bekehrten sich, andere wollten dieses offensichtliche und öffentlich geschehene Wunder leugnen und vertuschen. Bis in höchste Parteikreise hinein gab es große Aufregung. Später mußte die Frau fliehen und kam in die Gemeinde von Johann Mertes nach Estland, lebte dort vier Jahre und wurde so eine gute Freundin der Familie Mertes. Eines Tages bat sie Johann um Rat. Ein Witwer mit vielen Kindern hatte ihr einen Heiratsantrag gemacht. Sie war nicht sicher, ob es Gottes Wille für sie sei, da sie ja von ganzem Herzen dem Herrn dienen wollte. Andere hatten ihr eingeredet, sie sei ein Wunder, eine Heilige, und deshalb dürfe sie sich nicht erniedrigen und heiraten. Aber Johann hatte ihr erklärt, daß es laut der Bibel den Heiligen nicht verboten ist zu heiraten.

Inzwischen war sie verheiratet und in die USA ausgewandert. Und heute wollte sie mit ihrem Mann in unser Quartier in einem Vorort von Seattle kommen.

Es dämmerte. Mir wurde bewußt, die Geschichte schon einmal gehört zu haben. Wann war das noch? Ziemlich am Anfang unserer AVC-Aktivitäten. Einer unserer Bibelkuriere, Hans Ollesch, kam einmal aus der Tschechei zurück mit Fotos und Berichten über ein damals sensationelles Wunder. Es war ziemlich gefährlich, solche Dokumente außer Landes zu bringen. Man galt schnell als Spion, und Landesverrat war eine delikate Strafsache. Doch unsere Bibelkuriere waren mutige Leute. Seit 1972 transportieren wir Bibeln und christliche Literatur in Länder des Ostblocks. Aktuelle Nachrichten über Verfolgung und Gottes Wirken hinter dem Eisernen Vorhang waren andererseits wichtige Informationen für das Heimatland. In unserer Zeitschrift „Verfolgte Brüder" Nr. 3/79 hatten wir das Foto mit einem Bericht über das Wunder veröffentlicht. Unsere letzte Meldung über diese Frau war nämlich, sie sei verschwunden, wir befürchteten sogar ihren Tod. (Die Annahme war nicht unbegründet ... Sie werden es später selbst lesen.) Nun sollte diese Frau hierher zu uns kommen. Die Person, die wir in der Ewigkeit vermuteten, sollten wir nun, 18 Jahre später, in den USA treffen? Ich war aufgeregt und begeistert. Sie spannten uns auf die Folter – ihre Ankunft verzögerte sich – unsere Abreisezeit rückte näher. Sie waren die US-Autobahn noch nicht so gewohnt und hatten sich verfahren.

Dann saß die liebenswürdige kleine Frau mit leuchtenden Augen und herzlicher Ausstrahlung vor uns. Welche Qualen, Schmerzen, Demütigungen und Erniedrigungen hatte sie erleben müssen, bevor Gott sich so machtvoll an ihr bezeugte. Ein totaler Krüppel, dem man die Beine brechen wollte, um sie in einen Sarg legen zu können. Nun war sie Ehefrau und Mutter von sieben Kindern. Vor 19 Jahren war das spektakuläre Wunder geschehen. Noch immer erfreute die sich bester Gesundheit, hatte einen völlig klaren Verstand und wachen Geist. Sie erzählt uns ihre Geschichte. Wie oft sie schon davon erzählt hat, weiß sie nicht. Tränen füllen immer wieder ihre Augen vor Ergriffenheit. Eine Zeugin göttlicher Wunderwirkung. Ab und zu stockt sie beim Erzählen, wendet sich an ihren Mann, wenn Daten und Namen in Vergessenheit geraten sind. Nur das Datum ihres Wunders wird sie nie vergessen: der 19. 7. 78, genau einen Tag vor ihrem 45. Geburtstag. Sie war am 20. 7. 33 geboren. Um alles genau und in der Reihenfolge richtig zu berichten, fällt ihnen ein, daß jemand doch schon alles aufgeschrieben hat, und überreicht uns eine Schrift.

Als sie uns dann ein Exemplar ihrer Geschichte in Ukrainisch übergibt, das von Br. Sintschik herausgegeben worden war, fragte ich: „Ist das nicht der ukrainische Radioevangelist?“ – „Ja, der wohnt in London/Canada.“

Welche Fügung! Ich stelle fest, daß es gerade der Evangelist war, den wir als AVC lange Zeit unterstützt haben. Anläßlich eines Kanada-Besuches durfte ich einige Radiosendungen gemeinsam mit ihm gestalten, um auch den vielen Deutschen in ihrer Muttersprache das Wort Gottes nahezubringen.

Also noch eine weitere Bekanntschaft aus vergangener Zeit. Der Korrektheit wegen habe ich meine Notizen auf Tonband aufgenommen. Unsere Mitarbeiterin, Frau Tatjana Lutz, hat die Übersetzungsarbeit gemacht und Frau Ingrid Hiemer fleißig den Computer „gefüttert“. So möchten wir dem interessierten Leser ein authentisches Dokument über ein Wunder Gottes in die Hand geben, nicht nur über etwas Gehörtes berichten.

Inzwischen habe ich weitere Zeugen kennengelernt, die Genja ebenfalls persönlich kennen. Übrigens ist alles in der Gegend geschehen, wo auch meine Eltern gewohnt haben und ich geboren bin, eine Gegend, in der es große deutsche Kolonien gab. Schon vor dem Zweiten Weltkrieg wirkte Gott mächtig in dieser Gegend. Gottgewirkte Erweckungen hinterlassen immer tiefe Spuren. Trotz kommunistischer Verfolgung konnte Gottes Wirken nicht gestoppt werden. Bis heute ist die Ukraine ein sehr fruchtbares Erntefeld Gottes. Trotz großer Armut, die zur Zeit besonders die Ukraine bedrückt, gibt es viele Missionare, die aus diesem Gebiet in viele Länder gehen, bis weit nach Sibirien, an das äußerte Ende Rußlands, in die ewigen Eis- und Schneewüsten des hohen Nordens.

Obwohl Ende der achtziger Jahre Zehntausende Gläubige aus der Ukraine auswanderten, ist ihr Verlust zahlenmäßig kaum zu merken. Ihre Plätze werden umgehend von Neubekehrten ausgefüllt. In den USA und in Kanada entstanden durch die Einwanderer ebenfalls große Gemeinden slawischer Gläubiger.

Wir als NEHEMIA-Mission schätzen die ukrainischen Gläubigen besonders, weil sie ihre Glaubensgeschwister in Rußland nicht vergessen haben, sondern mit uns bis nach Sibirien zusammenarbeiten. Sie sind Zeugen für die wunderwirkende Kraft Gottes, nicht nur in bezug auf Heilung. Sie predigen Errettung durch Jesus Christus und Erfahrung mit dem Heiligen Geist und taufen Menschen im Wasser. Oftmals muß das Eis erst aufgehackt werden. Die Neubekehrten werden in neugegründete Gemeinden eingeführt und wiederum zu lebendigen Zeugen.

Wir begleiten dieses Buch betend und erwarten, daß es Ewigkeitsfrucht bringt, daß Menschen ihr Vertrauen auf den lebendigen Gott setzen, zu IHM beten und auch Wunder der Errettung, Heilung und Bewahrung erleben.

Nidda, November 1997
Waldemar Sardaczuk

1

Unheilbar krank

Ich bin am 20. 7. 1933 im Dorf Bucharew, Rowno-Gebiet, Kreis Ostroskij, geboren. Unsere Familie bestand aus fünf Personen: Vater, Mutter und drei Mädchen. Ich war die Älteste. Als der Vater bei einem Unfall ums Leben kam, war Mutter noch sehr jung. Wir waren noch sehr klein. Sie hatte oft Sorgen; denn damals war es schwer, mit drei Kindern allein durchzukommen.

Schon mit sechs Jahre versuchte ich als Älteste, der Mutter zu helfen, soweit ich nur konnte. Deswegen konnte ich auch nicht zur Schule gehen. Nur zwei Jahre habe ich eine Schule besucht. Bereits im Kindesalter wurde ich gläubig. Ich war gesund, wie alle Kinder. Als ich 16 Jahre alt war, ging ich in die Kolchose auf dem Rübenfeld arbeiten. Ich war fleißig und bekam viele Ehrenurkunden für gute Leistungen. Einmal bekam ich eine schwere Erkältung. Nachdem ich mich erholt hatte, ging ich auf die Farm als Melkerin. Auf dieser Farm mußten wir in einem Monat 140 Tonnen Futter auf den Schultern tragen. Durch die schwere Arbeit wurde meine Wirbelsäule beschädigt. Ich bekam Schmerzen in Armen und Beinen, so daß ich nur noch leichte Arbeit tun konnte. Die Beine veränderten sich, und mein Rücken wuchs zu einem Buckel. Als der Buckel immer größer wurde, konnte ich nicht mehr auf den Füßen stehen. Man brachte mich im Dorf Sijanzi ins Krankenhaus. Nach meiner Entlassung verschlechterte sich mein Gesundheitszustand immer mehr. Ich mußte wieder ins Krankenhaus nach Ostroskij und danach ins Krankenhaus der Stadt Rowno.

Ich sagte niemandem, wie alt ich war, weil ich noch so jung und doch schon so schwer krank war. Ich habe allen nur von Gott erzählt, und alle kannten mich als eine Gläubige. Ich habe auch immer gesungen zur Ehre Gottes. Mehrmals fragten mich die Ärzte: „Wo ist dein Gott?“ Darauf konnte ich ihnen nicht antworten. Ich war ein Krüppel, aber ich habe immer geglaubt, daß Gott alles kann, und daß er auch mich wieder gesund machen konnte. Ich habe niemandem gesagt, daß man für mich beten sollte, weil ich ganz genau wußte, daß ich nach dem Gebet geheilt würde und dann auf der Erde bleiben müßte. Aber lieber wollte ich zu Jesus in den Himmel. Dazu war ich gern bereit.

Eines Tages wurde jeder Patient bei der Arztvisite nach seinen Beschwerden gefragt, und alle jammerten, daß sie die Schmerzen kaum aushalten könnten. Zum Schluß kam der Arzt zu mir, fragte aber nichts, weil mein Zustand offensichtlich war. Meine Beine waren übereinandergeschlagen und zur Brust hinaufgezogen. Der Brustkorb war dadurch eingedrückt, dazu der Buckel auf dem Rücken. Als der Arzt fragte, wie es mir gehe, antwortete ich nur: „Preis dem Herrn, gut!“

Daraufhin wandte sich der Arzt an die anderen Patienten: „Sie beschweren sich, daß es Ihnen schlecht geht, aber Sie können noch Wurst und Fleisch essen, und Genja sagt, ihr gehe es gut, obwohl sie ein krummer, unglücklicher armer Krüppel ist.“

Jetzt bat ich den Arzt, mir zuzuhören: „Sie haben gesagt, daß ich ein krummer Krüppel bin. Ich gebe zu, das bin ich, aber daß ich unglücklich und arm bin, wie Sie gesagt haben, das stimmt nicht, denn ich bin reicher als ein Milliardär."

Oft hatte ich das Lied gesungen: „Wenn auch die ganze Welt jetzt lacht und mich für arm hält, sieht doch der Himmel mein Leid, und ich bin reicher als ein Milliardär!" Dieses Lied sang ich dem Arzt vor. Er hörte zu und ging dann verwundert weg.

An einem sehr heißen Tag im Frühjahr gingen einmal alle Mitpatienten in den Hof. Ich blieb im Zimmer und fing laut an zu singen, so daß man mich über drei Etagen hören konnte. Da kam der Arzt und sagte: „Das ist unsere Genja! Sie singt und glaubt an ein Leben nach dem Tod, aber hier gibt es für sie kein Leben." Ich antwortete: „Dieses Leben ist vergänglich, und der Körper, der jetzt krank ist, lebt nicht ewig, aber die Seele, die Gott uns gegeben hat, die man nicht sieht, die lebt ewig."

Daraufhin meinte eine Ärztin, die den Arzt begleitete: „Es gibt keine Seele. Wenn man stirbt, dann ist alles zu Ende."

Ich fragte sie: „Wie lange arbeiten Sie schon als Ärztin?" – „Schon 20 Jahre!"

„Und waren Sie schon einmal bei einer Obduktion dabei?" – „Sehr oft!"

„Haben Sie bei den Obduktionen jemals eine Seele gefunden?" – „Nein!"

„Und die Liebe? – Ohne Liebe kann man ja auch nicht leben – oder Bosheit?"

„O Genja", sagte sie, „du hast mich in eine Sackgasse geführt. Du hast mir die Augen geöffnet. Jetzt verstehe ich, daß es die Seele, Liebe und Bosheit nur bei lebendigen Menschen gibt, aber nicht bei den Toten."

Ich war nie beleidigt, auch dieses Mal nicht. Die Ärzte hatten wohl Mitleid mit mir und wollten mir helfen, aber gegen diese Krankheit waren sie machtlos. Später entschieden die Ärzte, einen Professor aus Kiev zu Rate zu ziehen. Nachdem der mich untersucht hatte, sagte er: „Genja, du muß noch eine Zeitlang hier bleiben, bis sich dein Zustand ein wenig bessert. Dann holen wir dich nach Kiev und operieren deinen Rücken, um den Buckel zu entfernen. Vielleicht werden dadurch auch die Beine wieder gerade."

Der Professor fuhr wieder zurück, die Zeit verging, aber niemand brachte mich nach Kiev. Eines Tages fragte ich den Arzt: „Warum werde ich nicht nach Kiev gebracht?" Da informierte mich der Arzt, daß der Professor gesagt hatte, es sei schon zu spät.

Noch viele andere Professoren untersuchten mich, und alle kamen zu dem gleichen Ergebnis, daß es zu spät sei für eine Operation. Nur Christus verspätet sich nie, auch bei mir hat er sich nicht verspätet. Preis dem Herrn! Halleluja!

Ein Jahr war ich nun schon in Rovno im Krankenhaus. Da sagte mir die Chefärztin: „Genja, heute fahren wir dich ins Bezirkskrankenhaus." Sie gab mir meine Krankengeschichte mit, wo alles aufgeführt war, was ich hatte, wer mich untersucht und behandelt hatte, unterschrieben von drei Personen und mit Siegel bestätigt: „Unheilbar krank."

„O Gott", betete ich, „in meinem Alter solch ein Urteil, und kein Arzt, der mir helfen könnte! Aber mein Leben ist in Deinen Händen, Herr!"

Dann brachten sie mich zurück ins Krankenhaus, aber mein Zustand wurde immer schlechter. Ich konnte schon nicht mehr reden. Einen Monat lang gaben sie mir Infusionen (Glukose). Dann, während einer Visite, sagte der Arzt, daß sie mich entlassen wollten. Mit letzter Kraft sagte ich: „Fahren Sie mich heim, mir ist alles egal."

2

Ein Brautkleid

Insgesamt war ich 14 Monate im Krankenhaus. Nun wurde ich in eine Decke eingewickelt, auf eine Liege gelegt und zum Krankenwagen getragen. Dem Fahrer wurde gesagt: „Fahren Sie zum Dorf Bucharew und bringen Sie die Patientin nach Hause. Sie hat eine Spritze erhalten."

Eine Krankenschwester begleitete mich. Die Straßenverhältnisse waren sehr schlecht, und mir wurde ganz elend.

Als wir zu Hause ankamen, blieben alle Nachbarn stehen, weil sie dachten, ich sei gestorben. Als sie sahen, daß ich noch lebte, trugen sie mich auf der Liege ins Haus. Dort stellten sie mich mitten in den Raum. Die Krankenschwester hörte mein Herz ab und gab mir noch eine Spritze. Mir wurde es immer schlechter. Dann sagte sie zum Fahrer: „Geh und fahre zurück." Er half ihr noch, mich auf mein Bett zu legen, dann eilten beide zur Tür. Ich hörte, wie die Nachbarn, die mit im Raum waren, ihnen nachriefen: „Kommen Sie zurück, Sie haben die Decke vergessen, die dem Krankenhaus gehört."

Sie kamen zurück, wickelten mich aus der Decke und legten mich zurück auf das Bett. Dann fuhren sie schnell weg.

Alle, die im Haus waren, konnten ihre Tränen nicht zurückhalten. Meine Mutter warf sich auf das Bett und weinte bitterlich. Ich hatte sehr viele Freunde unter den Christen. Sie wollten mich an meinem Entlassungstag noch im Krankenhaus besuchen. Als sie hinkamen, erfuhren sie, daß ich bereits mit einem Krankenwagen nach Hause gebracht worden sei. Mit dem Bus kamen sie dann zu mir nach Hause. Sie dachten, ich sei gestorben, und waren sehr traurig. Als sie dann sahen, daß ich noch lebte, knieten sie alle nieder und beteten. Und Gott erhörte sie. Vorher lag ich bewegungslos da, auf einmal kam ich wieder zu mir und richtete mich auf.

Als sie sich wieder erhoben, beschlossen sie, daß jemand bei mir bleiben sollte, wenn ich sterben müßte, um auch meiner Mutter zu helfen. Ich hatte alles mitgehört, konnte aber nicht sprechen. Einige blieben, andere gingen und erzählten im Dorf herum: Genja stirbt. Daraufhin kamen an diesem Abend viele Freunde zu mir, um mich noch einmal zu sehen. Ein Pastor sagte: „Genja, wir sehen, daß du nicht mehr lange bei uns sein wirst, sag' uns bitte zum Abschied ein gutes Wort. Du wirst bald im Himmel sein, und wir müssen noch hier bleiben. Wir wissen nicht, was uns noch erwartet. Segne uns!"

Mit letzter Kraft sagte ich. „Ich kann nicht sprechen." Aber dann sprach Gott durch den Heiligen Geist zu mir: „Meine Tochter, sprich, ich erfülle dich mit Heiligem Geist." Ich begann in Zungen zu singen, so laut, wie ich es heute nicht mehr könnte. Alle knieten nieder und beteten. Da sprach Gott zu mir: „Meine Tochter, deine Stunde ist noch nicht gekommen. Du wirst meine Herrlichkeit noch auf dieser Erde mit eigenen Augen sehen!"

Ich konnte es nicht verstehen, wie ich seine Herrlichkeit mit eigenen Augen in dieser Welt sehen sollte. Aber Preis dem Herrn, es ist geschehen! Nach diesem Ereignis konnte ich sprechen und singen, aber noch nicht gehen und blieb weiterhin ein Pflegefall. Am häufigsten sang ich

Beerdigungslieder. Viele mir unbekannte Christen besuchten mich. Einer von ihnen trat einmal an mein Bett, und vom Heiligem Geist erfüllt, sagte er: „Meine Tochter, bist du schon bereit, dich zu verabschieden? Ha! Du wirst noch mit eigenen Augen sehen, wie Leute zu dir hergelaufen kommen, um zu sehen, was Gott aus dir gemacht hat."

Ich konnte wieder nicht verstehen, daß ich Menschen sehen sollte, die zu mir eilen würden. Ich konnte auch durch kein Fenster sehen. Ich sah nur auf eine Wand, und da war kein Fenster. Obwohl ich das alles nicht verstehen konnte, ist es doch geschehen. Preis dem Herrn!

Nach meiner Entlassung lag ich drei Jahre und fünf Monate als Pflegefall zu Hause. Während dieser Zeit besuchte mich kein Arzt. Alle waren davon überzeugt, daß ich gestorben war.

Ich rede jetzt nicht über alle Jahre meiner Krankheit, sondern nur über die vier Jahre und sieben Monate, die ich als Pflegefall durchlebte.

Einmal besuchten mich Glaubensschwestern. Während wir beteten, sprach Gott durch den Heiligen Geist: „Meine Tochter, du sollst mit deiner Mutter fasten und beten, weil der Feind etwas Böses im Sinn hat."

Zwei Tage später kamen Geschwister zu uns, um einen Gottesdienst zu halten. Als der Gottesdienst begann, tauchte unerwartet die Miliz mit dem Bürgermeister bei uns auf. Sie wollten alle bestrafen und mich ins Krankenhaus bringen lassen, damit wir keine Gottesdienste mehr veranstalten konnten. Aber Gott hat dies nicht zugelassen.

Die verantwortliche Frau für religiöse Angelegenheiten trat zu mir und nahm die Decke weg. Als sie mich sah, so ein abgemagerter Krüppel, erschrak sie und drehte sich weg. Sie setzte sich und weinte. Dann fragte sie den

Kolchoseleiter: „Womit hilfst du ihr? Sie war dir immer eine gute Arbeiterin, tüchtig, und hat nie etwas gestohlen?“

Weiter sagte Olga Ivanowna zu dem Leiter: „Schreibe auf: Zwei Zentner Weizen!“

Dann fragte sie uns: „Habt ihr eine Kuh?“ – „Nein!“

Schreiben Sie dazu: „Täglich ein Liter Milch ins Haus liefern!“

„Haben Sie Holz?“ – „Nein!“

„Ein LKW Holz. – Was brauchen Sie noch?“

Mutter sagte, daß der Fußboden schon durchgefault sei.

Sie diktierte weiter: „Holz liefern, daß der Fußboden repariert werden kann, und vom Rest können Sie Bänke machen, um Ihren Gottesdienst halten zu können.“

Der Feind wollte uns schaden, aber Gott hat es zum Guten gewendet.

Gott will, daß wir beten und glauben. Das, was wir tun können, müssen wir tun, aber was uns nicht möglich ist, ist für Gott möglich. Halleluja! Preis dem Herrn!

Da ich nur liegen konnte, war ich ganz verspannt. Und mein Buckel war wie ein großes rundes Brot auf dem Rücken.

Einmal schickte Gott zwei junge Brüder zu mir, die mich besuchten, um mich zu fotografieren. Das wollte ich aber nicht, doch sie sagten: „Das muß sein!“ Was konnte ich dagegen machen? Mich umdrehen und mein Gesicht verstecken? Das konnte ich nicht, und so haben sie getan, was Gott ihnen aufs Herz gelegt hatte. Heute ist das Foto ein Dokument, das eines der vielen Wunder Gottes bescheinigt.

Danach besuchten mich wieder Freunde, und Gott gab eine Prophetie: „Meine Tochter, ein neuer Weg liegt vor dir!“ Ich dachte, daß ich wieder ins Krankenhaus müßte.

Aber Gott sagte: „Nicht, was du denkst, der Weg, den du gehen wirst, ist von mir gebahnt. Ich führe dich dorthin, wo du noch nie warst und dein Fuß noch nicht gegangen ist."

So krank wie ich war, konnte ich das wieder nicht begreifen, aber es war die Wahrheit und hat sich in meinem Leben bestätigt.

Einmal fragten Glaubensschwestern meine Mutter: „Haben Sie schon ein Leichenkleid für Genja genäht?" Meine Mutter zeigte es ihnen. Es war aus billigem Stoff ganz einfach genäht, weil Mutter sich nichts anderes leisten konnte.

Darauf nähten die Schwestern mir ein schöneres, das wie ein Brautkleid aussah, weil ich noch Jungfrau war. Als sie das Kleid fertig hatten, brachten sie es zu Mutter in die Küche, und ich hörte sie darüber reden und bat, mir das Kleid auch zu zeigen. Die Schwestern zögerten, aber ich gab nicht nach, und so zeigten sie es mir doch. Ich bat, das Kleid auf mich zu legen und mir einen Spiegel zu bringen, damit ich mich sehen könnte.

An diesem Tag, am 20. Juli, hatte ich Geburtstag. Es war ein Zufall, daß sie mir gerade an diesem Tag das Kleid brachten. Das hatten sie nicht gewußt. Alle, die im Haus waren, kamen zu mir, ganz erwartungsvoll, wie ich in dem Kleid aussehen würde. Nachdem das Kleid auf mich hingelegt war und man mir einen Spiegel gegeben hatte, wurde ich erfüllt mit Heiligem Geist und begann, Gott zu loben durch die Kraft des Heiligen Geistes. Halleluja!

Als unsere Nachbarin das alles sah und hörte, bekehrte sie sich. Alle sahen, daß ich den Mut nicht verloren hatte und trotz allem singen und Gott preisen konnte.

Ich hörte sehr gerne christliche Radiosendungen. Wir hatten ein kleines Radio und hörten sehr oft die Predigt von Bruder Sintschik Ivan Demjanowitsch. Jede Predigt stärkte mich. Bruder Sintschik predigte sehr oft daüber, wie Gott durch den Heiligen Geist Menschen heilt und Wunder tut.

Obwohl ich schwer krank war, habe ich mich doch gefreut, daß ich die Möglichkeit hatte, die wunderbaren Predigten bei mir daheim hören zu können. Ich habe immer dafür gebetet, daß Gott Bruder Sintschick und alle, die an den Sendungen beteiligt waren, noch mehr segnen möge. Gott stärkte mich, und mit dem Heiligen Geist erfüllt sang ich folgendes Lied:

„Ich bin noch hier auf Erden, aber mit jedem Tag nähere ich mich der Heimat. Und wenn ich in den Himmel komme, empfängt mich mein himmlischer Bräutigam. Empfang' mich, nimm mein Kreuz von mir ..."

Ich sang auch Psalmen und beschwerte mich nicht über mein Schicksal. Ich habe es nicht bereut, daß ich mein Leben in Gottes Hände übergeben habe.

3

Mutter, wir sind frei!

Der Tag kam, an dem die Rentenzahlung eingestellt wurde. Mutter sagte: „Wir müssen die Ärzte bestellen, daß sie dich untersuchen und die Rente weiterbewilligt wird." Aber ich sagte: „Ist nicht notwendig, ich sterbe bald."

Die Nachbarn aber rieten ihr, die Ärzte aufzufordern, um die Rente neu zu beantragen, denn Mutter bekam nur eine sehr kleine Rente.

Als wir den Arzt anriefen und um einen Besuch baten, bekamen wir zur Antwort, daß Polischuk Genja doch schon gestorben sei. Aber unser Dorfleiter gab keine Ruhe. Als sie dann bei uns waren und am Tisch saßen, um ihren Bericht zu schreiben, bat ich sie, mich ins Krankenhaus mitzunehmen, damit Mutter entlastet würde. Aber die Ärzte sagten: „Sei nicht böse, es gibt keinen Arzt, der dir helfen kann. Du mußt so weiterliegen." – „Bis ich sterbe?" fragte ich. „O nein, ich glaube, daß Gott mich heilt. Ich bin krank, aber ich glaube."

Die Ärzte fuhren weg. Und ich wunderte mich, warum ich gebeten hatte, daß sie mich ins Krankenhaus mitnehmen sollten. Hinterher war es mir klar, daß alles so sein mußte. Die Ärzte haben zugegeben, daß sie hilflos waren. Neun Tage später konnten sie dann mit eigenen Augen sehen, was Gott getan hat.

Am 19. Juli 1978 machten sich zwei Brüder auf den

Weg, mich zu besuchen. An diesem Tag fühlte ich mich wie noch nie in meinem Leben. Ich fragte mich selbst, was an diesem Tag los sei. Und meine Antwort war: „Ich weiß, heute verlasse ich die Erde und gehe zu Jesus. Die Knie werden nicht mehr auf meinen Brustkorb drücken, und ich werde leichter atmen."

Ich bat Gott, daß er die Brüder, die zu mir kommen würden – Gott hat mich wissen lassen, daß sie kommen würden – stärkt, daß sie meine Beine brechen konnten, um mich gerade in den Sarg zu legen. Das wollte ich nicht wegen mir, sondern um der Freunde willen, die mich gesehen und die geweint hatten, die sich Gedanken machten, wie sie mich in den Sarg hineinlegen sollten. Ich betete zu Gott, daß er mir Weisheit schenken möge. Dann wollte ich noch meine Mutter rufen, um noch ein letztes Mal auf Erden mit ihr zu beten und sie in Gottes Hände zu übergeben. Ich wollte ihr auch noch sagen, daß bei meiner Beerdigung niemand ein schwarzes Kopftuch tragen soll, weil ich dann heimgekehrt bin und gerettet.

Aber dazu kam ich nicht, weil die zwei Brüder ankamen und mich fragten: „Schwester Genja, wie lange bist du schon krank?"

„Bald werden es fünf Jahre", antwortete ich. Ich gab nicht alle Jahre an, die ich krank war, nur die schlimmsten letzten Jahre, insgesamt waren es zwölf Jahre gewesen.

Einer der beiden Brüder sagte: „Glaubst du, daß Gott dich heilen kann?" Ich antwortete: „Ich glaube!" Doch er sagte: „Du glaubst nicht!"

Ich wiederholte: „Ich glaube!"

Dann sagte er: „Wer glaubt, der wird gesund, und wer nicht glaubt, empfängt nichts." Er zeigte mit der Hand auf mich. Dann sagte ich, daß ich mein Leiden aushalten wolle. Doch der Bruder sagte: „Gott will dich heilen."

Daraufhin antwortete ich: „Sein Wille geschehe.“

Dann fragte mich der Bruder, ob ich glaube, daß Gott mich heilen würde, wenn sie für mich beteten. Ich antwortete: „Ich glaube.“ Der Bruder nahm die Bibel, kam zu meinem Bett und begann zu lesen. Als er gelesen hatte, war es mir plötzlich innerlich so wohl. Ich kann es nicht beschreiben. Danach sagte ich: „Bruder, Sie können jetzt beten.“ Er fragte mich nochmals, ob ich glaube. Dann kniete er nieder. Der Bruder legte die Hand auf mein Haupt und betete. Die Kraft Gottes berührte mich, und ich kam auf die Beine. Mein Bett zerbrach. Als ich mich vom Boden erhob, fing ich an, mit allen meinen Kräften Gott zu loben. Meine Mutter stand in der Ecke und betete, da, wohin sie sich immer zurückgezogen hat, um Gemeinschaft mit Gott zu haben. Sie öffnete ihre Augen, weil sie sich wunderte, warum ich so laut schrie. Und als sie sah, daß Gott mich geheilt hat, schrie sie noch lauter. Auf ihren Knien kam sie von ihrer Ecke mir entgegen, umarmte meine Beine und küßte mich. Warme Tränen rollen an meinen Beinen herunter. Ich fühlte die Wärme ihrer Hände und die Tränen, die herunterrollten. Mutter befühlte und betastete meine Brust und Rippen und sagte: „Tochter, alle deine Knochen sind gerade. Sag, willst du Brot essen?“ – „Mutter, ich werde alles essen, was Gott mir schenkt.“

Mutter sagte, daß auch sie nichts gegessen hatte. „Warum hast du nicht gegessen, Mutter?“ Ich konnte kaum schlucken, weil meine Knie drückten, aber Mutter? Sie sagte: „Deine Krankheit erwürgte mich fast, daß ich auch nicht schlucken konnte.“

„O Mutter, Preis dem Herrn, wir sind frei! Jesus hat uns befreit von meiner Krankheit. Wir werden jetzt zusammen essen und den Herrn loben und preisen.“

Mutter stand auf, legte die Hand auf meinen Rücken,

wahrscheinlich wollte sie mich wie früher auf den Arm nehmen, da ich so abgemagert war. Ich wog nur noch 20 kg. Als sie meinen Rücken berührte, schrie sie erneut auf. Als ich sie nach dem Grund fragte, antwortete sie: „Dein Buckel ist weg."

Preis dem Herrn. Gott, der Allmächtige, hat mich in einem Augenblick geheilt. Er hat meine Beine gerade gemacht und den Buckel genommen. Ich bin vollkommen gesund geworden.

4

Wundert euch alle!

Alle, die zu diesem Zeitpunkt mit im Hause waren, haben gehört, wie meine Knochen krachten, als die Beine sich geradestreckten. Die Leute wollten sich mit den Händen ihre Ohren zuhalten, aber ehe sie dazu kamen, hatte Gott mich geheilt. Preis dem Herrn!

Wir dankten Gott für das Wunder. Und die beiden Brüder machten sich bereit, wieder zu gehen. Ich faßte einen an der Schulter, ehe er zur Tür hinausging, und fragte: „Wer sind Sie?“ Er lächelte, hob die Hände hoch und sagte: „Wundere dich nicht, das hat Gott getan. Gib Ihm die Ehre dafür. Halleluja.“

Meine Nachbarin Duska war auch anwesend, als Gott das erfüllte, was er ein Jahr vorher durch den Heiligen Geist versprochen hatte. Später erzählte sie, daß der Heilige Geist sie während ihrer Hausarbeit gedrängt hatte, zu Genja zu gehen. Sie wollte aber zuerst die Arbeit beenden und dann gehen. Aber wieder spürte sie einen inneren Befehl vom Heiligen Geist, zu Genja zu gehen. So legte sie ihre Hausarbeit beiseite und kam zu mir. Als sie hereinkam, fingen wir gerade an zu beten. Sie wunderte sich über alles. Als sie nun selbst miterlebte, wie ich geheilt wurde, hörte, wie die Knochen krachten und sah, wie ich mich auf meine Beine stellte, fiel sie auf den Boden und lobte Gott. Nach dem Gebet rannte Duska aus dem

Haus und durch das ganze Dorf und schrie: „Geht und wundert euch! Gott hat ein Wunder getan! Genja ist geheilt!“ Ich sah aus dem Fenster und wunderte mich, daß sich im Hof so vieles verändert hatte, seit ich den Hof das letzte Mal gesehen hatte. Dann sah ich einige Leute kommen, andere kamen gelaufen, und ich fragte mich, wo sie wohl hinwollten? Ich hatte vergessen, daß es vorausgesagt worden war, daß einige gehen und andere laufen würden, und alle würden staunen über Gottes Wunder. Sie kamen alle zu mir ins Haus, starrten mich an und waren einfach sprachlos.

Die Kommunisten schauten mich von Kopf bis Fuß an, gingen auf die Knie, falteten ihre Hände wie gehorsame Kinder, erhoben die Augen zum Himmel, eine ganze Zeitlang. Keiner betete, und es war das erste Mal, daß sie sich vor Gott beugten. Da habe ich mich daran erinnert, daß der Heilige Geist es vorausgesagt hatte, und ich betete: „O mein Gott, jetzt erkenne ich mit meinen eigenen Augen Deine großen Wunder. Die Kommunisten beugen sich zum ersten Mal vor dem lebendigen Gott. Preis dem Herrn! Alles hat sich erfüllt! Halleluja!“

Am selben Tag hörten viele Dorfbewohner schon um 16.00 Uhr auf zu arbeiten, um zu mir zu kommen, trotz der Erntezeit. Es waren sehr viele Menschen im Haus. Dann kam noch ein Auto voll Leute: der Kolchoseleiter, Dorfleiter, der Leiter der kommunistischen Partei, Gruppenleiter usw. Sie kamen ins Haus herein, und der Oberste fragte: „Was ist hier los? Lassen Sie uns durch! Wir wollen sehen.“ Er kam zu mir mit der Frage: „Genja, was ist passiert? Die Leute hörten auf zu arbeiten und sind zu dir weggelaufen.“

Ich stand auf, hob die Hände hoch und sagte: „Gott hat mich geheilt!“ Dann hob auch er seine Hände hoch und sagte laut: „Ehre, Ehre!“ Er sagte aber nicht, wem die Ehre gebührt. So ergänzte ich: „Ehre sei Gott!“ Dann sagte er: „Gut, daß es so geworden ist, obwohl du doch nicht laufen kannst. Wir tragen dich in den Hof hinaus. Frische Luft tut dir sicher gut.“

Ich antwortete: „Wieso wollen Sie mich tragen, ich kann doch gehen?“

Er sagte: „Wer kann schon ohne Muskeln gehen?“

Meine Beine waren sehr dünn und abgemagert. Doch ich stand auf und stampfte kräftig von einem Bein aufs andere, um auszuprobieren, ob sie mich trügen.

„Nicht doch“, rief der Leiter, „sonst brichst du dir noch die Knochen!“

Aber ich antwortete: „Meine Knochen werden nicht brechen, weil Gott sie geheilt hat.“

Es dauert nicht lange, und ich konnte selbständig zwei Eimer Wasser holen. Der Wasserbrunnen befand sich beim Nachbarhaus gegenüber. Als ich mit zwei vollen Eimern zurückkam, begegnete mir der Kolchoseleiter im Auto. Er hielt an, stieg aus und sagte: „Genja, ich hätte nie gedacht, daß so etwas möglich ist, wenn ich es nicht mit meinen eigenen Augen gesehen hätte. Ich nehme meine Worte zurück, die ich gesagt hatte, daß du nicht gehen könntest. Jetzt kannst du gehen! So ein Wunder! Vielleicht kommen jetzt alle Leute im Dorf zum Glauben!“

Leider haben sich aber nicht viele Leute bekehrt, obwohl dieses Wunder ein Zeugnis für alle war. In anderen Dörfern kamen mehr Leute zum Glauben. Diejenigen, die mich krank gesehen hatten und dann vollkommen gesund, kamen zum Glauben und wollten nicht mehr gegen Gott sündigen, weil Gott für die Sünder dieses Wunder getan hat.

Am nächsten Tag um 8.00 Uhr kamen die Ärzte zu mir, die mich untersucht und gesagt hatten, daß mir keiner helfen könnte. Sie kamen, um meine Krankenrente zu bestätigen. Nun sahen sie mit eigenen Augen, was Gott getan hatte. Erstaunt fragten sie, was passiert sei. Aber ich fragte sie: „Waren Sie nicht am Montag, den 10., bei mir? Was haben Sie mir da gesagt?" Sie waren sprachlos und konnten nichts antworten.

Dann sagte ich: „Ich nehme es Ihnen nicht übel, daß Sie gesagt haben, ich müsse sterben. Immer wenn ich sagte, daß Gott mich heilen würde, fragen Sie, wo mein Gott sei. Jetzt können Sie sehen, was mein Gott getan hat."

Ich begann, Gymnastik zu treiben. Dann kniete ich nieder und betete zu Gott und dankte für seine Barmherzigkeit.

Mit den Ärzten war auch ein Mann von der Staatsregierung mitgekommen. Der fragte: „Wie ist das passiert?" Ich gab ihm die Bibel, zeigte auf eine Stelle und sagte: „Lesen Sie!" Er las: „Auf die Kranken werden sie die Hände legen, und es wird besser werden."

Daraufhin fragte er: „Und wer hat mit Ihnen gebetet und die Hände aufgelegt?"

„Ich weiß es nicht. Sie haben es mir nicht gesagt."

„Aber was haben sie gesagt?"

„Sie sagten mir: Gott hat es getan. Gib Ihm die Ehre und erzähle allen die Wahrheit."

Dann fragte mich der Beamte, ob ich es wirklich allen erzählen würde. Ich antwortete: „Ja, das werde ich tun."

Daraufhin sagte er: „Das wirst du nicht tun." Ich verstand nicht, was er meinte und warum ich über das Wunder nichts sagen sollte. Wie kann man schweigen und nicht Gott verherrlichen über solch einem Wunder!

5

Rettung aus Satans Händen

Nach diesem Tag kamen noch mehrmals Ärzte zu mir, um mich ins Krankenhaus abzuholen. Aber ich fuhr nicht mit. Sie sagten, es sei notwendig, mich zu untersuchen und meine Genesung zu unterstützen. Ich bedankte mich jedoch und sagte, daß ich vollkommen gesund sei und keine ärztliche Behandlung mehr brauche.

Eines Tages sandte Gott einen Bruder zu mir, der 16 km von uns entfernt wohnte. Er teilte mir mit: „Gott sagt, daß sie dich doch abholen werden, und du sollst dich nicht wehren, sondern geh' mit, aber nimm nichts an, keine Medizin, keine Spritze, kein Essen, denn sie haben Böses mit dir vor. Sie wollen verhindern, daß du anderen erzählst, daß Gott dich geheilt hat."

Ich gehorchte der Stimme Gottes. Und als die Ärzte nochmals kamen, um mich abzuholen, fuhr ich mit ihnen. Sie brachten mir Essen auf einem Extra-Teller, aber ich aß nichts davon.

Gerade an diesem Tag versammelten sich Christen in einem Dorf zum Gebet. Sie beteten, und der Heilige Geist redete zu ihnen: „Steht auf, geht und sagt es allen meinen Kindern, daß sie heute nacht für meine Tochter Genja beten sollen. Sie ist im Krankenhaus, und der Feind will sie vernichten, aber ich will sie bewahren. Ihr sollt für sie beten."

Schnell benachrichtigten sie alle im Umkreis und beteten bis zum Morgen. Ich bin gar nicht würdig, daß Gott in dieser Nacht so viele Leute um meinetwillen mobilisierte, um für mich zu beten. Preis dem Herrn! Halleluja!

Als ich in dieser Nacht schlief – die genaue Uhrzeit weiß ich nicht –, weckte Gott mich. Ich sah drei Männer an meinem Bett stehen. Was Gott mit ihnen gemacht hat, weiß ich nicht, aber plötzlich rannten sie eilig zur Tür. Die Türen gingen nach innen auf, aber in ihrer Angst wollten die Männer sie nach außen öffnen. Ich kniete mich nieder und dankte Gott für seine Bewahrung.

Sehr früh am nächsten Morgen kamen meine Glaubensgeschwister und meine Mutter. Sie erzählten mir, daß sie die ganze Nacht für mich gebetet hatten, damit Gott mein Leben bewahren möge. Nun war es mir klar, was der Satan mit mir vorhatte. Danach nahmen mich meine Freunde wieder mit nach Hause.

Der Teufel, Gottes Feind und auch mein Feind, hat sich damit aber nicht beruhigt. Im Gegenteil, er unternahm noch mehr, um mich dazu zu bringen, daß ich allen sagen sollte, daß die Ärzte mich geheilt hätten. Im Krankenhaus in Sijanezk kam einmal eine Krankenpflegerin, Tonja, zu mir und sagte: „Genja, sie haben sich vorgenommen, dir die Bibel, das Liederbuch und das Radio abzunehmen. Das haben die Ärzte in ihrer Morgenbesprechung beschlossen. Komm, ich nehme alles mit nach Hause, und später bekommst du es wieder zurück. Sonst wird es dir abgenommen, und du bekommst es nicht mehr zurück."

Ich antwortete: „Warte, ich muß erst Gott fragen", schloß die Augen und betete. Und Gott sagte, daß mir keiner etwas abnehmen würde. Dann sagte ich: „Tonja, ich gebe es dir nicht. Gott hat mir gesagt, daß mir nichts abgenommen wird." Darüber war sie sehr verwundert und konnte es nicht verstehen, weil sie die Besprechung der Ärzte doch gehört hatte. Nur ich war sicher und glaubte, daß alles so geschehen würde, wie Gott es mir gesagt hatte. Und so kam es auch. Ein Arzt kam zu mir und fragte. „Genja, warum hörst du nicht Radio?“ Ich antwortete, daß die Batterien alt seien, und fragte, ob er nicht so nett wäre, mir neue Batterien zu besorgen. Und er kaufte sie, brachte sie mir und tauschte die Batterien aus. Dann sagte er: „Jetzt kannst du hören, und hier hast du noch sechs Stück zusätzlich.“ Preis dem Herrn!

So erhört Gott die Gebete seiner Kinder. Eines Tages hatte dieser Arzt wieder Dienst. Abends kam er in mein Zimmer und fragte: „Warum hörst du nicht Radio?“ Ich antwortete, daß ich keine Uhr habe und nicht wüßte, wie spät es sei. Er sagte: „Es ist soweit, stell' das Radio an.“ Ich tat es, und gerade begann die christliche Sendung. Ein Prediger sprach: „Lieber Hörer, der du mir jetzt zuhörst, ich kenne dich nicht, aber Gott kennt dich und dein Leben. Vielleicht bist du hochmütig und hast einen guten oder höheren Beruf, bist vielleicht ein Arzt – du weißt selbst, wer du bist. Aber höre zu, lieber Hörer, was die Bibel, das Wort Gottes, sagt. Wer an Gott glaubt und sein Leben in Gottes Hände übergibt, der wird Gottes Wege gehen und sich nicht verirren, weil Gottes Geist ihn leiten wird. Lieber Freund, prüfe dein Leben, wie du lebst, in der Familie, mit deiner Frau und deinen Kindern. Vielleicht streitest du mit deiner Frau, verstehst dich nicht mit deinen Kindern – bekehre dich und bleibe nicht in der Sünde. Sünde zerstört dein Leben. Verändere deinen Sinn, und Gott wird dich segnen.“

Das alles hat den Arzt tief betroffen, als wenn der Prediger ihn persönlich gekannt hätte und von seinem Leben wüßte. Dieser Arzt hatte eine Frau und zwei Söhne. Aber er hat sich immer mit seiner Frau gestritten und war seinen Kindern kein guter Vater. Nach dieser Radiosendung, die er bis zum Ende mithörte, veränderte er seinen Lebensstil.

Eines Tages kam er zu mir ins Krankenzimmer mit seinen beiden Söhnen: „Genja, schau mal meine hübschen Söhne." Sie waren wirklich hübsch. Aber ich mußte daran denken: Sünde kann alles zerstören, auch uns. Ohne Gottes Segen ist alles vergänglich, und ohne Hoffnung auf das ewige Leben hat das Leben keinen Sinn. Gott ist gut und tut Wunder! Wir müssen beten und glauben, und Gott tut alles. Keiner kann etwas gegen Gottes Willen tun, denn Er ist allmächtig.

Meine Krankenpflegerin Tonja, die alles gesehen und gehört hat, bekehrte sich und hat sich für Jesus entschieden. Jetzt dient sie mit ihrer ganzen Familie Gott. Auch die Mutter kam zum Glauben, und später der Vater, halleluja! Jetzt stellte Tonja ihr Haus zur Verfügung, daß die Christen sich versammeln können. So wirkt Gottes Liebe: Atheisten werden in aktive Christen verwandelt. Auch die Krankenschwester Galja bekehrte sich zu Gott, und Gott segnete ihre ganze Familie. Preis dem Herrn! Gott liebt jeden Sünder, aber er liebt keine Sünde und möchte, daß jeder das Opfer annimmt, das Jesus vollbracht hat.

6

Gegen wen kämpfen Menschen?

Nach meiner Heilung, als man mich zur Untersuchung ins Krankenhaus in Sijanetz brachte, wollte ich am Eingang meine Schuhe putzen, weil sie vom Regen schmutzig geworden waren. Da sah mich die Krankenpflegerin Sonja durchs Fenster. Sie kam herausgerannt, umarmte und küßte mich und führte mich hinein. Die Ärzte hatten vor der Arbeit eine kurze Besprechung. Alle haben mich gesehen. Eine Ärztin, Sonja Stepanowna, umarmte mich, fühlte meinen Rücken und sagte: „Genja, wo ist dein Buckel?“ Ich sagte: „Schaut doch mal besser!“ Sie strich nochmals mit der Hand über meinen Rücken. Dann sagte ich: „Es ist kein Buckel mehr und wird nie mehr einer sein. Der allmächtige Gott hat ihn weggenommen.“ Sie sagte: „Wenn wir es nur gehört hätten, hätten wir es nicht glauben können, aber weil wir dich als Krüppel gesehen haben, ohne Haare, und nun vollkommen gesund, müssen wir sagen: Das konnte nur Gott tun!“ Preis dem Herrn! Verwundert faßten sie meine Haare an, weil sie meinten, ich hätte eine Perücke. Vorher hatte ich Haarausfall mitsamt den Wurzeln. Kein einziges Haar war mehr auf meinem Kopf gewesen. Aber nach der Heilung wuchsen auch die Haare, was medizinisch ein weiteres Wunder war. Ich sagte zu allen: „In der Bibel steht geschrieben: Was für Menschen unmöglich ist, ist für Gott möglich! Preis dem Herrn!“

Ich erzählte ihnen alles. Sie konnten sich nur wundern und weinten vor Freude, daß ich vollkommen gesund geworden war, weil die Operation nicht durch menschliche Hände geschehen war, sondern durch unseren allmächtigen Gott. Der Chefarzt sagte daraufhin: „Geh jetzt in alle Zimmer und erzähle, was Gott für dich getan hat.“ So besuchte ich alle Kranken und erzählte ihnen, wie Gott mich geheilt hatte. Alle wunderten sich, und ich konnte ihnen auch erklären, daß Gott seinen Sohn Jesus geopfert hat, um uns zu retten.

Es vergingen 8–9 Monate, nachdem Gott mich geheilt hatte, da erhielt ich eine Einladung von der Stadtverwaltung. Am nächsten Tag, während ich mich für den Besuch fertig machte, hörte ich die Stimme Gottes: „Tochter, gehe auf den Hof!“

Ich ging hinaus, hob meine Augen zum Himmel und fragte Gott, was ich weiter machen sollte.

Ein Auto kam die Straße entlanggefahren. Und die Stimme Gottes sagte: „Da sind sie!“ Das Auto blieb stehen, nicht weit von unserem Eingang. Sechs Männer stiegen aus und fragten, ob sie mich besuchen dürften. „Herzlich willkommen“, antwortete ich. „Ich freue mich über jeden Besuch.“

Einer von ihnen kam ganz nah zu mir und schaute mir in die Augen. Innerlich fragte ich. „O Gott, was ist das für ein Mensch?“ Ich hörte die Stimme Gottes: „Es ist ein Hypnotiseur!“ Ich wußte, daß, wenn ein Hpynotiseur jemandem in die Augen schaut, die Hypnose auf den Menschen wirkt. In meinem Herzen betete ich: „Lieber Gott, ich werde ihm in Deinem Namen in die Augen schauen, damit er es spürt, wie machtlos er vor Dir ist!“ Ich sah ihm direkt in die Augen. Er wurde unruhig und lief hin und her. Dann sagte er: „Laß uns ins Haus hineingehen.“ Wir gingen also ins Haus hinein, setzten uns hin. Er setzte sich ganz nah zu mir, daß unsere Knie sich berührten. Ich rückte weg, er mir nach. Er hatte etwas vor, konnte aber nichts machen. Ich hielt es nicht mehr aus und sagte: „Sie sehen intelligent aus, aber Ihr Verhalten spricht dagegen!"

Dann zeigte der Gesundheitsbeamte auf zwei Leute und fragte mich: „Kennst du die Leute?"

„Ja."

„Wer sind sie denn?"

„Das sind die Ärzte, die mich behandelt haben."

„Und wie weit waren sie mit der Heilung?"

Ich antwortete: „Fragen Sie doch die Ärzte selbst." Als diese schwiegen, fragte ich den Arzt: „Pjotr Ostapowitsch, haben Sie mich geheilt?"

Er sagte nur: „Genja, erzähle nur, wie alles war."

Dann sagte ich: „Sie wollten mir ja helfen, aber sie waren machtlos gegen diese Krankheit. Es kam so weit mit mir, daß ich nicht mehr sprechen konnte, und dann haben sie mich nach Hause entlassen, um dort zu sterben. Aber Gott hat mich geheilt. Preis dem Herrn!"

Einer von ihnen fragte mich, ob ich ein gutes Gewissen habe. Ich sagte ja und er fragte weiter: „Wieso beleidigst du die Ärzte?" Ich wandte mich den Ärzten zu und fragte: „Sagen Sie bitte, Pjotr Ostapowitsch, habe ich nicht die Wahrheit gesagt?"

Die Ärzte waren still, denn sie wußten genau, daß Gott mich geheilt hat.

Der Hypnotiseur sagte: „Zieh dich aus. Wir müssen untersuchen, ob du wirklich gesund bist." Entschlossen antwortete ich: „Das tu ich nicht. Erstens tut mir nichts weh, und zweitens sind Sie sechs Männer, und ich muß mich vor Ihnen nicht ausziehen." Dann sagte er noch etwas Undeutliches, und sie gingen aus dem Haus.

Der Hypnotiseur zögerte. Ich stand auf und folgte ihnen. Der Gesundheitsbeamte sagte: „Bleiben Sie mit ihm, er hat Ihnen noch etwas unter vier Augen zu sagen.“ Ich fragte mich, was für ein Geheimnis das wohl sei. Als ich mich der Tür näherte, hörte ich die Stimme Gottes: „Hab keine Angst, sieh, was ich tun werde.“

Der Hypnotiseur legte seine Mappe zur Seite und sagte: „Jetzt wiederhol' einige Worte, die ich sagen werde.“ Ich sagte jedoch: „Das tu ich nicht, vielleicht sagen Sie schlechte Worte.“

Dann zeige er mir den Daumen und fragte: „Welcher Finger ist das?“ Ich antwortete. Dann zeigte er den nächsten Finger. Ich antwortete wieder. Dann fragte ich ihn, was dies für ein Spiel sei, und sagte, ich sei doch kein Kind. Er wurde zornig und sagte: „Du wirst nicht mehr gesund werden.“ Da rief ich zu Gott, und die Kraft Gottes erfüllte mich bis in die Fußspitzen, und Gott sprach durch den Heiligen Geist aus meinem Mund: „Wer bist du, Mensch, gegen wen kämpfst du? Wer bist du vor mir?“

Daraufhin sprach der Heilige Geist durch mich, ich habe die Sprache nicht verstanden. Meine Hände erhoben sich, während die des Hypnotiseurs heruntergingen. Dann hielt er eine Hand an seine Brust, mit der anderen ergriff er mich und sagte: „Das genügt, ich habe verstanden!“ Plötzlich fiel er zu Boden auf sein Gesicht. Ich sah ihn an, verwundert, ob er noch lebte. Er bewegte sich nicht mehr. Ich rief die Ärzte zurück, die schon auf den Hof hinausgegangen waren, um ihm zu helfen. Die Ärzte kamen und trugen ihn zum Krankenwagen, mit dem sie gekommen waren. Inzwischen hatten sich einige Leute aus dem Dorf um das Auto versammelt. Der Fahrer des Krankenwagens sagte ihnen, daß die Ärzte mit einem Hypnotiseur gekommen seien, um Genja zu hypnotisieren. Dann wollten sie Genja auf einer Trage heraustragen und ins Krankenhaus bringen, um allen zu zeigen, daß ihr Gott schwach sei. Aber Preis dem Herrn, es lief nicht so ab, wie Satan es wollte, sondern nach Gottes Willen. Beschämt standen die sechs Männer vor der Dorfbevölkerung da.

Ich habe noch ein Zeugnis, wie Jesus mich bewahrt hat:

Eines Tages waren wir zum Gottesdienst nach Kiev gefahren. Nach der Versammlung begaben wir uns mit einigen Christen zur S-Bahn-Haltestelle. Ein Bruder kam zu mir und sagte: „Wir wurden von der Polizei bedroht. Sie wollen dich gefangennehmen, aber ich lasse dich nicht allein nach Hause fahren, ich gehe mit dir."

Unterwegs kamen zwei Männer auf mich zu. Sie wollten mich festnehmen. Plötzlich rannten sie eilig weg. Wir verstanden nicht, was das bedeutete, aber es war uns klar, wir mußten schnell von dort verschwinden. So stiegen wir in die nächste Bahn ein und fuhren weg. Unser Gott, dem wir glauben, bewahrte uns auf Seine Art. Lob und Preis sei Ihm für Seine Gnade und Kraft! Als ich nach Hause kam, entdeckte ich im Briefkasten zwei Vorladungen zur Polizei. Auf dem Revier begann eine Fragerei: „Wer bist du?"

„Das wissen Sie doch, wer ich bin."

„Beherrschst du Hypnose?"

„Hypnose ist vom Satan, und ich glaube an Gott. Ich bin ein Christ!"

„In Kiev hast du aber die Polizei hypnotisiert. Beinahe hätten sie dich festgenommen, aber plötzlich warst du wie vom Erdboden verschwunden. Unsere Leute konnten sich kaum retten. Wir waren schon froh, dich los zu sein. Doch kurze Zeit darauf hörten wir, daß du wieder predigst."

Ich sagte ihnen: „Gott, dem ich diene, bewahrt mich in Gefahren, damit seine Werke verkündigt werden!"

„Jetzt bist du aber in unseren Händen, und dein Gott soll versuchen, dich zu befreien!"

„Wenn die Stunde gekommen ist, daß Sie mich festnehmen sollen, dann wird es geschehen, aber wenn es nicht sein soll, können Sie mir nichts antun!"

Sie fragten mich dann, ob ich wüßte, wo ich mich befände. Furchtlos antwortete ich: „Bei Ihnen!"

„Und du hast keine Angst und verhältst dich so frei?"

„Warum wollen Sie, daß die Leute vor Ihnen Angst haben? Sie sind doch dafür da, die Bösen zu bestrafen, das Böse zu verfolgen und die Guten zu beschützen. Gott hat Sie eingesetzt, um sein Gesetz, die Gerechtigkeit zu erfüllen. Jesus liebt Sie genauso wie mich und gab sein Leben für alle Sünder, damit sie Hoffnung und Rettung und ewiges Leben haben sollen."

Einer von ihnen schaute auf die Uhr und sagte: „Schon die fünfte Stunde predigt sie, und wir hören ihr zu."

Es bewahrheitete sich das Wort: „Kümmert euch nicht, was ihr sagen sollt, weil der Heilige Geist selbst für euch reden wird." So war es auch. Preis dem Herrn!

Der Mann, der mich verhörte, wurde zornig und schlug mit der Faust auf den Tisch und schrie: „Scher' dich raus!" Schnell nahm ich meinen Mantel und eilte zur Tür. Im Rausgehen zog ich den Mantel an. Da redete Gott deutlich zu mir: „Geh nicht diesen Weg", und er zeigte mir, welchen Weg ich gehen sollte: „Die Miliz wird dich verfolgen." Ich gehorchte der Stimme Gottes und tat seinen Willen. So hilft Gott denen, die ihn lieben und ihr Leben vollkommen in seine Händen übergeben.

7

Wunder Gottes kam zu mir

Alle Ärzte wußten von meiner Heilung. Eines Tages erkrankte eine Ärztin, die mich behandelt hatte, schwer. Sie war Abteilungsleiterin der Neurologie. Von einer Schwester erfuhr ich davon. Sie wünschte, daß ich sie besuchen sollte. Sie lag auf der Intensivstation. Ich zögerte nicht und machte mich gleich auf den Weg. Als ich in ihr Zimmer kam, lagen noch zwei andere kranke Frauen da. Sie war an verschiedene Schläuche angeschlossen. Als ich eintrat, sagte sie: „Wunder Gottes ist zu mir gekommen!" Sie weinte und bat mich: „Küß mich, Genja, dann werde ich gesund. Gott hat dich von solch einer schrecklichen Krankheit geheilt, und die Kraft Gottes ist noch in dir." Ich küßte sie. Dann sagte sie: „Ruf die Krankenschwester!" Diese kam und mußte auf ihren Wunsch den Doktor rufen. Als der Arzt kam, sagte sie: „Schalten Sie alles ab, ich will aufstehen. Genja hat mich geküßt, und die Kraft Gottes ist noch in ihr. Sie ist gesund, und ich bin es jetzt auch."

Der Arzt war verwundert und wollte es nicht erlauben, die Geräte auszuschalten. Er versuchte, sie zu überzeugen, wie lebensgefährlich das sei: „Sie sind doch selbst Ärztin und wissen, wie krank Sie sind."

Aber sie sagte mit Gewißheit: „Ich bin gesund. Schalten Sie bitte alles ab."

Als er dann alles ausgeschaltet hatte, bat sie mich: „Genja, hilf mir beim Aufstehen.“ Ich ging zu ihr und sagte: „Im Namen Jesu steh auf und sei gesund!“

Dann richtete ich sie mit einer Hand auf, mit der anderen stützte ich ihren Kopf, und sie stand auf, stand ein bißchen auf einer Stelle und ging dann im Zimmer umher. Der Arzt schaute verwundert zu und sagte: „Ich verstehe nichts mehr!“ Dann setzte sie sich ans Nachttischchen, holte etwas zum Essen heraus, dankte Gott und begann zu essen. Sie ist bis heute gesund. Preis dem Herrn! So heilt Gott jeden, der an den Allmächtigen glaubt.

Die Ärzte erzählten es überall herum, wie Gott mich und sie geheilt hatte. Oft wurden wir eingeladen, um davon zu berichten, was der Herr an uns getan hat. Und mit großer Freude gaben wir bei jeder Gelegenheit Zeugnis von der Kraft und Macht Gottes.

8

Mein Auge ist über dir

Nach all dem, was geschehen war, haben die Behörden mich leider nicht vergessen und in Ruhe gelassen. Eines Tagen waren wir mit einigen Christen in einem Haus versammelt, um Gottes Segen für unseren Weg zu erbitten. Wir wollten alle unsere Glaubensgeschwister zu Hause besuchen. Während wir knieten, sprach Gott durch seinen Heiligen Geist zu mir: „Höre zu, meine Tochter, ich rede zu dir. Du sollst nicht mitgehen, sondern verlasse dein Dorf, dein Haus, deine Mutter. Merke dir die Adresse, wo du hingehen mußt." Als ich das hörte, mußte ich weinen. Und ich habe die Adresse nicht behalten.

Ich erhob mich von den Knien und fragte die Brüder, ob sie die Adresse behalten hatten. Aber niemand von ihnen hatte sie mitbekommen. Der Älteste schlug vor, noch einmal zu beten, daß Gott uns nicht böse sein solle, sondern noch einmal die Adresse wiederholen möge. Wir gingen auf die Knie, und Gott wiederholte die Adresse. Gott sei Dank für seine Gnade und Liebe.

Zu Hause teilte ich alles meiner Mutter mit. Wir weinten und beteten. Dann sagte ich: „Ich werde noch ein paar Tage hier bleiben, um das Abendmahl des Herrn noch einmal mit Glaubensgeschwistern zu feiern. Dann werde ich mich auf den Weg machen."

Am nächsten Tag schickte Gott einen Propheten zu

mir, der mir sagte: „Heute noch mußt du dein Haus und Dorf verlassen. Der Feind will dich vernichten, aber Gott läßt dir sagen, er will dich bewahren."

Der Prophet war noch nicht weg, da kam noch ein zweiter. Beide kannten sich nicht, aber der zweite sagte mir genau dasselbe. Kurz darauf kam in aller Eile noch ein dritter Mann, der mir genau das gleiche sagte, dazu noch: „Der Feind nähert sich bereits deinem Dorf."

So verließ ich eilig meine Gemeinde, in der ich zum Glauben gekommen war, wo ich mit Heiligem Geist getauft worden war und Heilung erlebt hatte, mein Haus und meine Mutter, die auch nicht mehr die Jüngste war.

Noch am selben Tag ging ich von daheim weg und machte mich auf den Weg nach Mittelasien in die Stadt Frunse zu Bruder Peter Friesen, 7000 km von zu Hause weg. Eine Schwester begleitete mich. Als wir endlich dort ankamen, war es 3.00 Uhr morgens. Ich klopfte ans Fenster, ein Licht ging an. Wir gingen zur Tür. Verwundert stellten wir fest, daß die Tür nicht zugeschlossen war, und fragten: „Warum war die Tür nicht zugeschlossen?"

Der Hauswirt antwortete: „Bevor wir schlafen gingen, beteten wir noch, und Gott sagte zu uns: Heute wird ein Flüchtling zu euch kommen. Nehmt sie auf zu meiner Ehre, und ich werde euch segnen."

Der Bruder hatte damals neun Kinder, aber er und seine Frau nahmen mich auf wie eine leibliche Tochter. Zwei Jahre wohnte ich bei ihnen. Gott sei Dank, daß er sich so um seine Kinder kümmert. Halleluja!

Nach zwei Jahren führte Gott mich weiter, nach Estland, in die Stadt Narwa. Der Herr sagte zu mir: „Du mußt fliehen, weil der Feind nach deinem Leben trachtet." Noch am gleichen Tag fuhr ich weg. Am nächsten Tag kamen die Kommunisten und fragten Bruder Friesen, ob hier eine Genja Polischuk wohne. Der Bruder antwortete wahrheitsgemäß: „Sie ist ausgezogen und nicht mehr hier."

So bewahrt Gott alle, die auf ihn hoffen und nicht zweifeln.

In Narwa wohnte ich über fünf Jahre bei Michaltschuk Natalja Miniwna und ihrer leiblichen Schwester Galja. Ich bin den Geschwistern sehr dankbar, die mich aufgenommen haben, und unserem Gott für seine Liebe.

An dieser Stelle möchte ich mich an alle Leser wenden und ihnen sagen, daß ich sehr viel Gnade von Gott empfangen habe. Man kann aber nicht alles schreiben. Ich möchte nur jedem empfehlen, der Jesus noch nicht angenommen hat und noch nicht gerettet ist: Schieben Sie es nicht auf morgen. Kommen Sie heute noch zu Gott und empfangen Sie ewiges Leben. Nur dann werden Sie glücklich, wenn Sie sich bekehren. Dann wird das Leben neu und ohne Ende, obwohl das Leben hier auf der Erde für jeden ein Ende nimmt. Mit Jesus werden Sie ewig leben, unter seiner grenzenlosen Liebe.

Zehn Jahre lang wurde ich verfolgt. Doch nach all diesen Jahren hat Gott mich ein neues Wunder erleben lassen. 1988 heiratete ich und kam in eine kinderreiche Familie, die ohne Mutter war. Der Bruder, dessen Frau ich geworden bin, Mikola Kosjuga, erzählt nun selbst, wie er es erlebt hatte:

Mehrmals sprachen mich Brüder und Schwestern an, daß ich wieder heiraten soll. Aber ich war vorsichtig. Eines Tages, während ich betete, sagte ich: „Lieber Herr, ich stehe nicht auf, bis Du sagst, wen Du als Mutter für meine Kinder bestimmt hast." Ich brauchte nicht lange zu warten. Gott hat mir sehr schnell geantwortet. Eine leise Stimme sagte zu mir: „Genja." Es war mir alles klar, und ich sagte: „O Gott, schickst Du uns die Schwester Genja, von deren Heilung wir gehört haben? Wenn ich diese Schwester treffen werde, will ich sie fragen, ob sie bereit ist, zu uns in die Familie zu kommen." Um zu erkennen, ob es wirklich Gottes Wille war, habe ich die Schwester gleich gefragt, als ich Gelegenheit hatte, ob sie bereit sei, zu uns zu kommen. Nach einer kurzen Überlegung antwortete sie mit denselben Worten, die ich vor Gott im Verborgenen gesagt hatte. Die Worte hatte niemand gehört, nur ich und Gott. Preis dem Herrn, jetzt wußte ich, daß es sein Wille war und daß wir gemeinsam seinen Namen verherrlichen sollten.

So hat der allmächtige Gott einen Krüppel geheilt und seine Macht offenbart und sie einer großen Familie als Mutter gesandt, für mich eine vollkommene Frau. Halleluja. Preis dem Herrn!

9

Mutter, wo warst du so lange?

Während all der Jahre hatte ich keine richtige Familie und auch keine Kinder. Deshalb fürchtete ich mich davor, nun Mutter einer so großen Familie zu sein. Ich betete: „Lieber Gott, schicke ihm eine Frau, die Mutter sein kann für seine Familie.“ Aber Gottes Plan war anders. Als wir einmal alle zusammen beteten, sprach der Heilige Geist durch einen Propheten: „Meine Tochter, es wird nicht so werden, wie du es willst, sondern wie ich es will, und du sollst den Weg gehen.“

Ich verstand, daß es der Wille Gottes war, und gehorchte. Als ich zum ersten Mal in die Familie kam, haben sie alle auf mich gewartet, mich angeschaut, und dann kam der Kleinste, Sergei (er war damals 5 Jahre und 9 Monate alt) zu mir. Ich nahm ihn auf den Arm. Er schaute mich an und sagte: „Mutter, wo warst du so lange? Ich hatte Sehnsucht nach dir!“ Zum ersten Mal im Leben wurde ich mit „Mutter“ angesprochen. Es ging mir durchs Herz. Tränen rollten mir über die Wangen. Der kleine Sergei wischte die Tränen ab und küßte mich. Er drückte sich fest an mich und fragte: „Mutter, verläßt du mich nie wieder?“ Ich antwortete: „Nein, ich will nun immer bei euch sein und werde dich nie wieder verlassen.“

Ich heiratete Mikol. Der Pastor, der uns trauen sollte, fragte mich: „Hast du noch dein Kleid, das für deine

Beerdigung bestimmt war?“ Ich überlegte und antwortete: „Das war so schön, wie für eine Braut genäht.“ Dann schlug er vor: „Ziehe das Kleid an, und wir werden allen bezeugen, daß das, was von Menschen für den Tod vorbereitet war, von Gott fürs Leben bestimmt wurde.“ Vor zehn Jahren war das Kleid angefertigt.

So ist unser allmächtiger Gott! Preis dem Herrn! Amen.

10

Wir sahen Gottes Wunder

Beresjuk Dmitro Charitnowitsch, durch den Genja Polischuk geheilt wurde, berichtet:

Ich danke Jesus, daß er mich gefunden und zum Dienst berufen hat. Als Jugendlicher war ich Mitglied der Baptisten-Gemeinde. Eines Tages sprach Gott zu mir: „Mein Sohn, ich will dich zum Zeugnis meiner Gnade und Barmherzigkeit machen.“ Ich antwortete darauf: „Jesus, ich will Dein Diener sein. Was Du sagst, will ich tun, wohin Du mich sendest, will ich gehen.“

Nach meiner Taufe und Erfüllung mit dem Heiligen Geist, als ich begann in Zungen zu reden, wechselte ich die Gemeinde. Der Heilige Geist offenbarte mir Krankheiten. Und auf meine Frage: „Lieber Herr Jesus, was soll ich tun?“, sprach der Heilige Geist: „Befiehl im Namen Jesu, daß die Kranken gesund werden.“

So begann mein Dienst für Jesus. Von diesem Tag an wurden Hunderte Menschen von Gott geheilt durch meine Handauflegung. Gott sagte mir, ich würde ein Zeuge Seiner Herrlichkeit sein, und so geschah es. Preis dem Herrn! Halleluja!

Eines Tages wurde mir gesagt, daß im Dorf Bucharew eine Schwester sehr krank sei und als Krüppel im Bett liegen müßte. Mit Freunden sprach ich darüber, und wir entschlossen uns, sie zu besuchen.

Als wir ankamen, erschranken wir über ihr Aussehen. Solch einen Krüppel hatte ich noch nie gesehen. Wir waren sprachlos und konnten uns nicht von der Stelle rühren. Schwester Genja lag auf der rechten Seite, war nur noch Haut und Knochen, die Beine übereinandergeschlagen und zur Brust gezogen, auf dem Rücken ein großer Buckel. Bisher hatte noch niemand für sie um Heilung gebeten, weil Schwester Genja wünschte, daß Jesus sie zu sich nehmen sollte.

Ich war vom Heiligen Geist so geleitet, daß ich Kranke, zu denen ich kam, auf ihren Glauben ansprechen und sie prüfen sollte, wie sie geistlich standen. Wenn jemand noch keinen Glauben hatte, mußte er unterwiesen werden. Bevor ich mit ihm betete, mußte Glauben geweckt werden. Ich erkläre es so: Wenn jemand kalt ist, muß er zuerst erwärmt werden. Genja hatte aber eine heiße Seele. Preis dem Herrn! Ich sah es als Gottes Führung an, daß gerade zum richtigen Zeitpunkt ein Verwandter mir sein Auto anbot. „Mitja, mein Auto steht dir zur Verfügung. Ich weiß, daß dich viele erwarten, aber bist nicht mobil. Ich fahre dich, wohin du willst.“ Wir entschlossen uns, zu Genja Polischuk zu fahren.

So kamen wir zu Genja. Als sie uns erzählte, wie machtlos die Ärzte gegen ihre Krankheit waren und ihr keiner helfen konnte, sondern sie bis zum Tod so leben mußte, waren wir zuerst sprachlos. Aber trotz ihres Leidens glaubte Genja doch an Wunder Gottes und daß Gott sie heilen könnte.

Ich stellte ihr die Frage. „Bist du bereit zum Gebet, um geheilt zu werden?“

Genja antwortete ohne Zögern: „Ja.“

Dann las ich aus der Bibel in Lukas 8,43 von der Frau, die geheilt wurde. Genja sagte: „Fangen Sie an, mit mir zu beten, Gott wird mich heilen.“

Wir knieten nieder, um zu beten. Eine ungläubige Nachbarin, die gerade anwesend war, war sehr verwundert über alles, was sie sah. Ich stand am Kopfende von Genjas Bett und hörte die Stimme Jesu: „Befiehl dem Geist der Krankheit zu weichen.“ Ich gehorchte. Da fühlte ich eine feurige Kraft, so daß ich meinte, wenn jemand mir zu nahe käme, er würde es nicht überleben. Ich legte Genja die Hände auf, und augenblicklich verließ der Geist der Krankheit ihren Körper. Das Bett, in dem Genja lag, zerbrach, und ihre Knochen krachten wie trockene Äste. Das alles geschah in einer Sekunde. Genja stand auf. Ich hatte Angst, daß sie hinfallen und sich stoßen könnte. So stützte ich sie und half ihr, sich auf die Ecke des zerbrochenen Bettes zu setzen. Vor mir saß eine normale, gesunde Frau, ohne Buckel und mit geraden Beinen.

Ich sagte ihr, was mir der Heilige Geist eingab: „Sie werden dich ins Krankenhaus holen, aber nimm dort keine Speise zu dir, auch wenn es sehr lecker ist, sonst passiert etwas Schreckliches.“

In der Zwischenzeit, während ich meinen Dienst tat, war die ungläubige Frau verschwunden. Es war mir klar, daß sie aus dem Haus gelaufen war, um die Neuigkeit weiterzusagen, was Gott an Genja getan hatte.

Mein Dienst war beendet und ich drängte meinen Fahrer: „Laß uns schnell zurückfahren.“ Als Genja das hörte, faßte sie mich an den Schultern und fragte noch: „Wer seid ihr, Brüder?“ Erfüllt vom Heiligen Geist antwortete ich. „Schau zum Himmel. Das hat Gott getan. Gib Ihm die Ehre und erzähle allen davon.“

Ich wußte, daß gleich viele Leute kommen würden, und beeilte mich, fortzukommen. Zu meinem Begleiter sagte ich: „Laß uns gehen. Wenn man uns hier findet und erfährt, was geschehen ist, sehen wir unsere Familien und das Tageslicht nicht mehr." So war es in der ehemaligen UdSSR.

Eilig verließen wir das Dorf Bucharew. Genja blieb allein. Sie hatte noch einen großen Auftrag vor sich, Gottes Willen zu erfüllen.

Abschließend möchte ich sagen, an diesem Wunder habe ich selbst keinen Verdienst. Ich bin nur ein Zeuge von Gottes Herrlichkeit. Lob und Preis sei Ihm! Halleluja!

Ich habe niemanden geheilt. Jesus allein heilt. Sein Name soll verherrlicht werden in Ewigkeit.

in Kostopil, Rowno-Gebiet

11

Die Zeugen

Schwester Nagorna Hanna Ivanowna

Ich habe das Totenkleid für Genja genäht. Das war vor 17 Jahren. Damals habe ich mich wirklich bemüht, es gut zu machen, und das Kleid wurde wirklich sehr schön. Es war mein Wunsch, daß Schwester Genja, wenn wir uns von ihr verabschieden müßten, schön aussehen sollte.

So habe ich damals gedacht. Wenn man sie sah, konnte man auch keine anderen Gedanken haben. Sie war sehr dünn, die Füße kalt, denn die Durchblutung war sehr schlecht. Ich erinnere mich an den Tag, als das Kleid fertig wurde und ich es zu Genja brachte. Ich legte es auf den Tisch, um es zusammenzulegen. Da kam eine Nachbarin herein und sagte bewundernd, es sei so schön wie ein Brautkleid. Ich mußte mir die Tränen abwischen und sagte nur: „Wenn du die Braut sehen willst, komm mit mir." Sie hatte Genja noch nie gesehen. Als wir in ihr Zimmer kamen, lag sie auf der Seite, ganz zusammengekrümmt, mit einem Lächeln auf dem Gesicht.

Ich zeigte Genja das Kleid. Sie freute sich, daß es nicht mehr lange dauern würde, bis sie bei Jesus sein würde. Sie wünschte, daß wir das Kleid auf sie legten und die Mutter dazukäme, um zu sehen, wie schön ihre Tochter sei.

Mutter kam herein, umarmte ihre Tochter und begann laut zu weinen, und wir mit ihr. Nur Genja freute sich und tröstete uns: „Liebe Schwestern, weint nicht. Es wird ein fröhlicher Tag, wenn Jesus mich zu sich holt. Trauert nicht."

Wir wurden ruhiger und wunderten uns nur, wie sie in ihrem verkrüppelten Zustand so froh dalag, ohne Haare. Früher hatte sie dicke, lockige Haare gehabt. Aber sie war erfüllt mit der Kraft und der Liebe Gottes. Ich rieb ihren Körper ganz vorsichtig ab, um ihr nicht wehzutun. So bereiten wir alles zur Beerdigung vor. Aber unsere Gedanken waren nicht Gottes Gedanken. „Meine Gedanken sind nicht eure Gedanken, und eure Wege sind nicht meine Wege, sondern soviel der Himmel höher ist als die Erde, so sind auch meine Wege höher als eure Wege und meine Gedanken als eure Gedanken" (Jes. 55,8+9).

Genja mußte immer auf der Seite liegen. Freunde von überall besuchten sie. Lange Zeit konnte sie auch gar nicht sprechen und lag mit geschlossenen Augen da. Aber immer wieder erhielt sie himmlische Kraft zum Durchhalten. Sie lächelte immer und sprach über Jesus, über die Rettung, die nur durch ihn geschieht, und über das ewige Leben. Ihr Lieblingslied, das sie immer sang, war: „Meine Heimat, zu dir bereite ich mich vor, zu dir komme ich . . ."

Eines Tages, als ich Genja wieder besuchte, sagte sie voller Freude: „Schaut meinen Kopf an." Da wuchsen wieder Haare. Verwundert sagte ich: „Genja, wie kann das sein?" Sie konnte es sich nicht erklären.

Tag und Nacht verbrachten wir bei unserer lieben Genja mit Gebet und Singen. Ich war überzeugt, daß wir sie beim nächsten Besuch nicht mehr lebend antreffen würden. Wir ahnten nicht, welches Wunder Gottes wir erleben sollten, daß ich nicht nur den ausgetrockneten kalten Körper, sondern den normalen, warmen, lebendigen Körper umarmen würde und sie mich mit gesunden Händen wieder umarmen würde, daß wir zusammen auf Knien Jesus preisen würden.

An einem wunderschönen, sonnigen Tag kam eine junge Schwester angerannt, vom Laufen außer Atem: „Habt ihr schon von Genja gehört?" – „Was denn, ist sie gestorben?"

„Nein, nein, der Herr hat sie geheilt!"

Unfaßbar! Ich rannte gleich zum Bahnhof, fuhr mit dem Zug, dann mit dem Bus, um zu sehen, was geschehen war. Als ich auf den Hof kam, waren ganz viele Menschen dort, so daß ich kaum zum Haus durchkommen konnte. Da hörte ich Genja. Sie betete und dankte Gott. Endlich hatte ich sie erreicht. Wir umarmten uns, und sie sagte, daß sie alles noch gar nicht fassen könne. Ich erinnerte mich an ein früheres Gespräch, und wie Gott sie durch den Heiligen Geist wissen ließ: „In deinem ausgetrockneten Leib wird Blut fließen. Zu deinem Haus werden Leute gelaufen kommen in großen Scharen." Preis sei Jesus.

Es war schon Mitternacht, als die Leute wieder weggegangen oder -gefahren sind. Ich badete Genja in einer kleinen Wanne. Ihre Schultern waren gerade, die Haut glatt. Ich wusch sie sehr vorsichtig, um ihr nicht wehzutun. Anschließend wünschte Genja, das Kleid anzuziehen, das ich ihr zur Beerdigung genäht hatte. In dem weißen Kleid stand Genja aufrecht vor mir, mit erhobenen Händen, und lobte den Herrn: „O Gott, wie wunderbar bist Du!"

Ich weinte vor Freude und dachte, ob das nur ein Traum ist? Aber es war kein Traum, sondern Realität, ein Wunder Gottes, Preis dem Herrn! Es war Seine Kraft und Liebe. Dank sei Ihm für alles.

Genja hat sogar noch geheiratet. Das Kleid, das für den Trauertag vorbereitet war, wurde ihr Brautkleid.

Ich war noch oft bei ihr und erlebte, wie sie im Garten arbeitete, in der Küche kochte. Wenn sie Gelegenheit hatte, von ihrem Wunder zu erzählen, war sie immer bereit. Dann war sie immer sofort bereit, um mit einem Auto mitzufahren, wenn jemand irgendwo hinfuhr. Ich kann es immer noch nicht glauben, daß es die gleiche Genja ist.

Ich bin dem Herrn unendlich dankbar, daß ich das erleben durfte, daß auch ich ein Zeuge seiner unbegrenzten Herrlichkeit werden durfte. Lob und Preis Ihm. Amen.

c. Oschenin, Ostroski-Gebiet, Rowno-Kreis

Schirko Antonina Jakivna

Oberkrankenschwester im Kreiskrankenhaus von Rowno:

In den vielen Jahren meiner Tätigkeit habe ich verschiedene Krankheiten gesehen, viele Schicksale kennengelernt. Ärzte versuchen immer ihr Bestes bei jedem Kranken, sie kämpfen für jedes Leben.

Unvergeßlich bleibt unsere Genja. Jahrelang lag sie im Bett, die Knie bis zum Kinn hochgezogen, ohne ein einziges Haar auf dem Kopf. Aber niemals beschwerte sie sich. Ihr Zimmer Nr. 7 lag gegenüber dem Schwesternzimmer. Nachts hörte ich sie oft stöhnen, aber wenn man zu ihr kam und sie es merkte, tat sie, als hätte sie geschlafen. Wenn man das Licht einschaltete, glänzten Tränen auf ihren Wangen. Ich saß oft nächtelang an ihrem Bett. Dann sagte Genja: „Gehen Sie und ruhen Sie sich aus." Aber ich konnte nicht lange von ihr weggehen. Sie tat mir so leid.

Eines Samstags wurde sie entlassen, um zu Hause zu

sterben. Ich besuchte sie. Sie lag wie immer im Bett. Die Mutter war am Ende ihrer Kräfte. Das Haus war renovierungsbedürftig. Es war ungestrichen. Noch vor Weihnachten nahm ich Pinsel und Farbe und habe das Haus gestrichen und den Hof in Ordnung gebracht.

Drei Monate später traute ich meinen Augen nicht. Da kam Genja auf eigenen Füßen ins Krankenhaus. Das konnte doch nicht wahr sein! Ihr Haar war wieder gewachsen und sie konnte gehen. Daraufhin bin auch ich zum Glauben gekommen. Dank sei dem Herrn! Halleluja! Ich möchte Ihn verherrlichen, wie ich nur kann. Amen.

M. Rowno

12

Von Gott bewahrt und versorgt

Als Genja überall von dem Wunder Gottes in ihrem Leben erzählte, bekehrten sich viele Leute. Sie erkannten, daß Gott ein lebendiger Gott ist, der auch heute noch Wunder tut. Preis Ihm! Viele Besucher kamen in ihr Haus, um sie zu sehen und zu sprechen.

Das Ereignis beunruhigte die Atheisten außerordentlich. Die Folge war, daß ein Linienbus nach Bucharew gestrichen wurde. Obwohl es von Bucharew noch 25 km bis zu ihrem Dorf war, kamen immer wieder Besucher zu ihr. Sie kamen zu Fuß, mit dem Motorrad, einige auch mit dem Auto. Die Leute benutzten alle Möglichkeiten, um hinzukommen und Genja zu sehen und sich selbst zu überzeugen, was Gott an ihr getan hatte.

In diesen Tagen geschah noch ein Wunder. Genja berichtet, daß sie mit ihrer Mutter einmal überlegte, was sie kochen könnten. Die Leute waren mehrere Stunden unterwegs gewesen, ohne einen Krümel Brot im Mund. Im Dorf gab es kein Gasthaus, und sie wollten die Leute christlich aufnehmen. Da sagte die Mutter: „Genja, wir haben nur ganz wenig Fleisch, sollen wir das den Leuten anbieten?“ Genja hatte geantwortet: „Mach dir keine Sorgen, Gott verläßt uns nicht!“

Am nächsten Tag sagte die Mutter: „Tochter, gestern hatte ich von dem Fleisch für die Suppe genommen und nur ein kleines Stückchen übriggelassen. Aber heute ist das Stück wieder so groß wie vorher. Halleluja! Gott hat ein Wunder getan wie bei der Witwe in 1. Könige 17,16: „Das Mehl im Topf wurde nicht verzehrt und der Ölkrug nicht leer nach dem Wort des Herrn, das er durch Elia geredet hatte.“ Preis Ihm!

Genja bezeugte: „Meine Mutter war auch Witwe, sie war arm, aber ein Christ. Und das Fleisch wurde nicht verbraucht. So sorgt der Herr, wenn man ihm treu ist.“

Lieber Leser, dies ist die Wahrheit. Gott hat Genja große Barmherzigkeit und Gnade erwiesen.

Vielleicht, lieber Freund, geht es dir im Moment gut. Vielleicht bist du aber schwer krank und denkst: Ich möchte so gern gesund werden. Kann Gott mich wohl auch heilen wie Genja? Glaube es: Jesus will auch dir helfen! Er will auch dich heilen. In den Evangelien finden wir keine Stelle, daß Jesus einen Kranken, der zu ihm kam, enttäuscht hat. Er heilte alle, die sich an ihn wandten.

Lieber Freund, komm zu Jesus mit all deinen Problemen. Er sagt: „Alles, war ihr bittet in eurem Gebet, glaubt nur, daß ihr's empfangt, so wird's euch zuteil werden“ (Markus 11,24).

Jesus hat sich bis heute nicht geändert. Er tut auch heute noch Wunder, rettet, heilt und tauft mit dem Heiligen Geist.

Das Wort Gottes sagt: „Jesus Christus gestern und heute und derselbe auch in Ewigkeit“ (Hebr. 13,8). Was Gott für Genja getan hat, kann er auch in deinem Leben tun. Glaube im Herzen und bete: „Jesus, wie Du Genja berührt hast, berühre auch meinen Körper und heile mich. Ich will Dich verherrlichen und Deinen Heiligen Namen.“

„Siehe, ich, der Herr, bin der Gott alles Fleisches, sollte mir etwas unmöglich sein?“ (Jeremia 32,27). Amen.

Am 19. Juli 1978 hat Jesus Christus Genja Polischuk im Dorf Bucharev/Rowno geheilt. Preis dem Herrn! Jesus Christus ist ein lebendiger Gott. Er ist unser Arzt. Durch seine Wunden sind wir geheilt. Sein Blut reinigt uns von Sünden.

Er hört unsere Gebete und tut Wunder. Jesus sagt: „Wahrlich, wahrlich, ich sage euch: wer an mich glaubt, der wird die Werke auch tun, die ich tue, und er wird noch größere als diese tun; denn ich gehe zum Vater“ (Johannes 14,12).

Unser Herr ist ein Gott der Wunder!

Soweit der persönliche Bericht von Genja und die schriftlichen Zeugnisse.

Ich möchte des weiteren anfügen, was die Bibel zu diesen Dingen zu sagen hat. Jeder kann ganz persönlich heute Hilfe von Gott erwarten. Gott redet auch jetzt noch durch seinen Geist. Genja erlebte es besonders stark, wie in der Apostelgeschichte berichtet, daß Gott zu Menschen redet. Petrus, Paulus, der Evangelist Philippus und andere hörten Gottes Stimme und erlebten Gottes Führung. Verbindliches Reden Gottes für jedermann ist aufgezeichnet in der Bibel. Zu dem wunderbaren Zeugnis ist jetzt notwendig, die Bibel zu befragen. Folgen Sie mir im Bibelstudium (ab Seite 85).

13

Gott kann man nicht verbieten, Wunder zu tun!

(Bericht aus Verfolgte Brüder 3/39)

In vielen Teilen der Sowjetunion gibt es große Erweckungen. Obwohl es verboten ist, religiöse Propaganda zu treiben, tut Gott große Dinge, die nicht verborgen bleiben. Auf einer Reise in die Länder hinter dem „Eisernen Vorhang" wurde mir von Augenzeugen mehrfach folgende Begebenheit erzählt: In einem Dorf in der Sowjetunion lebte eine gläubige Schwester, die seit zwölf Jahren krank war. Ihre Hände und Füße waren verkrümmt bzw. verdreht. Sie konnte nicht gehen und mußte die letzten vier Jahre im Bett liegen. Da sie ihre Hände auch nicht mehr gebrauchen konnte, mußte sie gefüttert werden. Sie war nicht einmal in der Lage, sich selbst im Bett umzudrehen. Vor ca. drei Jahren wurde sie von einer Kommission von drei Ärzten und einem Polizisten aufgesucht. Ihre alte Mutter, die immer noch arbeitete, um sie zu ernähren, hatte Unterstützung vom Staat beantragt. So sollten die Ärzte sie untersuchen. Man brachte sie einige Male ins Krankenhaus, konnte ihr aber nicht helfen. Ihr Zustand verschlechterte sich. Auch die Haare waren ausgefallen. Trotz des schlechten Zustandes war sie ein freudiges Gotteskind. Durch Gesang legte sie Zeugnis ab, auch im Krankenhaus. Dadurch war sie allen bekannt.

Eines Tages offenbarte ihr der Herr, daß sie noch ein großer Segen sein werde. Nach einiger Zeit kamen drei Brüder zu ihr, um mit ihr zu beten. Schon vor dem Gebet sagte ihr der Herr, daß sie gesund würde. So geschah es dann auch. Schon bald konnte sie aufstehen und gehen. Alle, die sie kannten, wunderten sich und fragten, was geschehen sei. Freudig bezeugte sie: „Gott hat mich geheilt." Durch ihr Zeugnis bekehrten sich viele Menschen. Auch der Polizist und eine Ärztin, die bei der Untersuchung anwesend waren, wurden gläubig. Das alles paßte natürlich nicht ins kommunistische Konzept, und so brachte man sie wieder ins Krankenhaus zur Untersuchung. Dort konnte man auch nur feststellen, daß sie gesund war. Sie konnte gehen und ihre Arme gebrauchen. Auch ihre Haare fingen an, neu zu wachsen. Man bot ihr Geld an, damit sie aussagen sollte, sie sei durch die Kunst der Ärzte gesund geworden. Doch sie bekannte auch im Krankenhaus, daß Jesus ihr Arzt war. Da viele sie von früheren Krankenhausaufenthalten kannten, glaubten sie ihrem Zeugnis, und viele bekehrten sich. Sie wurde noch einige Zeit im Krankenhaus behalten, obwohl sie gesund war. Der Herr zeigte ihr, daß sie keinerlei vom Krankenhaus gereichte Speisen oder Medikamente zu sich nehmen sollte. Sie wurde von Freunden mit Lebensmitteln versorgt. Als sie einmal mitten in der Nacht aufwachte, sah sie drei Männer in ihrem Zimmer am Bett stehen. Wollten sie ihr etwa im Schlaf eine tödlich wirkende Spritze geben? Am nächsten Tag wurde sie entlassen.

Immer wieder kommen Menschen, um sie zu sehen und zu hören, was geschehen ist. Viele von ihnen wurden gläubig. Das gefällt den Behörden natürlich nicht. Sicherlich wird sie noch viele Schwierigkeiten durchzustehen haben. Doch der sie geheilt hat, wird ihr auch die Kraft geben, festzubleiben, damit der Name Jesu verherrlicht werde. Beten auch Sie bitte dafür!

H. O.
Februar '79

Nachtrag

Inzwischen erhielten wir folgende Nachricht: Diese Christin hatte eines Tages von einem Besuch im Zug die Heimreise angetreten, kam jedoch nicht zu Hause an. Über ihren Verbleib weiß niemand etwas. Verdächtig ist diese Tatsache, daß beobachtet wurde, daß mit ihr drei Männer das Zugabteil betraten. Nur Gott alleine weiß, was aus dieser Zeugin Jesu geworden ist. Wenn sie noch lebt, dann vermutlich im Gefängnis.

14

Wunder und Zeichen

Bibelstudium von W. Sard.

Das Wort „Wunder" hat in der heutigen Zeit einerseits eine traurige Abwertung erlebt. Sehr schnell reden wir von „Wunder" in Abwandlung wie „wunderbares" Wetter, Speiseeis, ein Ausflug etc. So häufig das Wort Wunder in verschiedenen Abwandlungen auch gebraucht wird, der Glaube an Gottes Wunder nimmt bei unseren Zeitgenossen mehr und mehr ab.

Die Hauptschuld trifft nicht Wissenschaftler und ihre vermeintlichen Erkenntnisse und Beweise. Sie sind bescheidener. Im Gegenteil, gerade in diesem Sommer '97 waren die Zeitungen und Nachrichten über Tage mit dem Thema „Wunder an der Oder" beschäftigt. Die aufgeweichten Deiche am Oderbruch hielten dem Hochwasser stand. Eine Tatsache entgegen aller Berechnungen und Aussagen von Fachleuten und Gutachtern. Alle Vernunftsargumente wurden außer Kraft gesetzt und alle Berechnungen, daß der Deich brechen würde, wenn das Wasser noch um Zentimeter steigen würde. Die Wasserfluten stiegen mehr als befürchtet, aber die Deiche hielten. Die Sensation war geboren: Das Oderwunder!

Wunder im Alten Testament

Gottes übernatürliches Handeln mit dem Volk Israel:

Der Bibelleser weiß, große Ereignisse geschahen in der Natur, das Rote Meer teilte sich, das Jordanwasser stand still, die Erde tat sich auf, sogar die Sonne stand für eine gewisse Zeit still. Gerade letzteres Ereignis gibt den Kritikern eine Handvoll Haare in die „Suppe". Die Sonne steht doch immer still! Wie schön, daß Gott sogar falsche Gebete richtig erhört!

Josuas naturwissenschaftliche Erkenntnisse waren nur zeitgemäß, aber Gott wußte, was er brauchte, und verstand ihn – die Sonne mußte einen Tag länger scheinen, bis die Tagesarbeit getan war. Übrigens, in dem Klassiker „Die Bibel hat doch recht" werden viele dieser Wunder erklärt. Warum sollen sie auch nicht erklärbar sein. Entscheidend ist, ob es geschehen ist und was es bewirkt hat.

Gott wirkte Wunder und Zeichen an Menschen und durch Menschen als Signale, um auf sich selbst aufmerksam zu machen. Mal war es ein klares „Stop! Nicht weiter! Der Weg führt falsch!" oder mal: „Ruhig und getrost weiter so! Ich bin mit dir!"

Warum Wunder?

In Hebräer 2,1-4 wird sehr deutlich erklärt: *„Darum sollen wir desto mehr auf das achten, was wir gehört haben, damit wir nicht etwa daran vorbeigleiten. Denn wenn das durch Engel gesprochene Wort zuverlässig war und jede Übertretung und jeder Ungehorsam den gerechten Lohn empfing, wie wollen wir entfliehen, wenn wir ein so großes Heil versäumen, welches zuerst durch den Herrn* *gepredigt wurde und dann von denen, die ihn gehört hatten, uns bestätigt worden ist?"*

„Und Gott hat dazu Zeugnis gegeben mit Zeichen, Wundern und mancherlei mächtigen Taten und mit Austeilung des heiligen Geistes nach seinem Willen."

Gottes Reden soll durch Zeichen und Wunder bekräftigt werden. In der Apostelgeschichte wird berichtet, daß durch die Hände der Apostel Zeichen und Wunder geschahen (Apg 2,19 und 2,43). Ein Tellerwäscher in der Urgemeinde, auch Diakon genannt, Stephanus, wurde von Gott benutzt, Zeichen für Gottes Macht zu setzen: *„Stephanus aber, voll Gnade und Kraft, tat Wunder und große Zeichen unter dem Volk"* (Apg. 6,8).

Gerade Stephanus ist ein Beweis dafür, daß Wunder Gottes die Menschen nicht immer überzeugten, sondern sogar Haß, Verfolgung und Mord bewirkten. Stephanus wurde gesteinigt (Apg. 9).

Jesus selbst klagt, daß Zeichen und Wunder nicht unbedingt überzeugen:

„Wiewohl der aber so viele Zeichen vor ihnen getan hatte, glaubten sie nicht an ihn; auf daß das Wort des Propheten Jesaja erfüllt würde, welches er gesprochen hat: Herr, wer hat dem geglaubt, was wir gehört haben, und wem wurde der Arm des Herrn geoffenbart?" (Johannes 12,37+38).

Dennoch tat Gott Zeichen und Wunder und bestätigte Jesus als den Sohn Gottes und seine Gläubigen als Bevollmächtigte: *„Sie aber gingen aus und predigten an allen Orten. Und der Herr wirkte mit ihnen und bekräftigte das Wort durch die begleitenden Zeichen"* (Markus 16,20).

Jesus verweigert Zeichen und Wunder

Wenn Leute süchtig und gierig nach Sensationen sind, bleibt Gott oftmals stumm – verweigert, sich zu beweisen:

„Denn nach deinen Worten wirst du gerechtfertigt, und nach deinen Worten wirst du verurteilt werden. Da hoben etliche unter den Schriftgelehrten und Pharisäern an und sprachen: Meister, wir wollen von dir ein Zeichen“ (Matthäus 12,37+38).

Herodes wollte auch ein Zeichen sehen, als Jesus gefangen vor ihm stand, doch Jesus ist kein Taschenspieler, der sich durch Tricks und Täuschung Vorteile beschafft (Luk. 23,8). Vielleicht wäre er sogar freigelassen worden.

Ich persönlich habe in meinem Dienst einmal ein eindeutiges Wunder erlebt, eine Heilung als Zeichen Gottes, sichtbar wie selten.

Es war in Bonn, ein 34jähriger Mann wurde von einer Krankenschwester in die Gemeinde eingeladen. Er war unheilbar krank, hatte Parkinson, die Schüttellähmung, wie man im Volksmund sagt. Er war Frührentner und erwartete nichts Gutes mehr für sein Leben. Nach der Zeltversammlung blieb er zurück und bekehrte sich, bekannte seine Sünden und ließ seinen Schmerz und seine Enttäuschung raus. Als er alles so aussprach, brachte ihn das so in Aufregung, daß es ihn so schüttelte, daß ich ihn festhalten mußte, damit er nicht vom Stuhl fiel. Wir beteten, und er ging friedevoll nach Hause. Zwei Tage später saß er in unserem kleinen Saal in Bonn, Königsstr. 86. Ich konnte über den Mann nur staunen und dachte: „Den kennst du doch, aber nein, es kann nicht sein!“ Dieser Mann saß vollkommen ruhig vor mir, ohne das geringste Zucken. Am Schluß, als ich alle an der Tür verabschiedete, fragte ich: „Mensch Willi, sind Sie es?“ Als Antwort streckte er beide Arme aus. Seine Hände waren völlig ruhig, ohne Zittern. Wir freuten uns und priesen Gott. Welch ein Wunder, sichtbar deutlich lautes Reden Gottes. Willi kam zwei-, dreimal in den Gottesdienst, dann immer seltener. Ich besuchte ihn. Seine Frau bestätigte: „Wirklich, ich kann es gar nicht glauben, aber Willi ist geheilt.“ Sie hat sich nicht bekehrt, und Willi blieb trotz Besuch und Bitten von der Gemeinde fern. Dieses Wunder bewirkte nichts – wie schade! Ein deutliches Reden Gottes, für unseren Glauben eine Ermutigung, aber ansonsten ohne Frucht.

Warnung vor Wundern!

Jesus verweigert gelegentlich nicht nur Wunder, er warnt auch davor. Wunder, Zeichen, spektakuläre Sensationen machen deutlich, daß es Kraftquellen gibt. Was steht dahinter? Jesus warnt: Bitte nicht Heilung um jeden Preis und nicht Wunder zu jeder Zeit! Der Teufel bemächtigt sich dieser Wirkung auch und will damit verführen. Gerade für die Endzeit sagt Jesus Wunderwirker, Geistheiler, Hypnotiseure usw. voraus:

„... und dann wird der Gesetzlose geoffenbart werden, welchen der Herr Jesus durch den Geist seines Mundes aufreiben, und den er durch die Erscheinung seiner Wiederkunft vernichten wird, ihn, dessen Auftreten nach der Wirkung des Satans erfolgt, unter Entfaltung aller betrügerischen Kräfte, Zeichen und Wunder und aller Verführung der Ungerechtigkeit unter denen, die verlorengehen, weil sie die Liebe zur Wahrheit nicht angenommen haben, durch die sie hätten gerettet werden können“ (2. Thessalonicher 2,8-10).

„Wenn alsdann jemand zu euch wird sagen: Siehe, hier ist der Christus, oder dort – so glaubt es nicht. Denn

es werden falsche Christusse und falsche Propheten auftreten und werden große Zeichen und Wunder tun, um womöglich auch die Auserwählten zu verführen" (Matth. 24,23+24).

Es ist angebracht, lieber Leid zu ertragen, als sich durch zweifelhafte Praktiken heilen zu lassen. Unser Leib vergeht, der Geist aber muß bewahrt bleiben zum ewigen Leben.

Darum folgender Rat:

1. Kor. 1,18-25: *„Denn das Wort vom Kreuz ist eine Torheit denen, die verloren werden; uns aber, die wir gerettet werden, ist es eine Gotteskraft; denn es steht geschrieben: Ich will zunichte machen die Weisheit der Weisen, und den Verstand der Verständigen will ich verwerfen. Wo ist der Weise, wo der Schriftgelehrte, wo der Disputiergeist dieser Welt? Hat nicht Gott die Weisheit dieser Welt zur Torheit gemacht? Denn weil die Welt durch ihre Weisheit Gott in seiner Weisheit nicht erkannte, gefiel es Gott, durch die Torheit der Predigt diejenigen zu retten, welche glauben. Während nämlich die Juden Zeichen fordern und die Griechen Weisheit verlangen, predigen wir Christus den Gekreuzigten, den Juden ein Ärgernis, den Griechen eine Torheit, jenen, den Berufenen aber, sowohl Juden als Griechen, predigen wir Christus, Gottes Kraft und Gottes Weisheit. Denn Gottes Torheit ist weiser als die Menschen sind, und Gottes Schwachheit ist stärker als die Menschen sind."*

So lernen wir: ***Das Kreuz Jesu muß Mittelpunkt und Zentrum aller Verkündigung und Erwartung sein und bleiben.*** Weder Zeichen der Juden noch Weisheit der Griechen sind gefragt, sondern die Großtat Gottes auf Golgatha.

Wer so in der Mitte bleibt, versäumt nichts Gutes.

Dort am Kreuz wurde unsere Sünde und Schuld „entsorgt“ (Jes. 53).

1. Petrus, 1,24: *„Er hat unsere Sünden selbst hinaufgetragen an seinem Leibe auf das Holz, damit wir, der Sünde gestorben, der Gerechtigkeit leben; durch seine Wunden seid ihr heil geworden.“*

Jesus hat sich nicht doubeln lassen, kein Engel hat ihn als Stuntman vertreten. Er selbst hat bewirkt, daß uns eine unausschöpfliche Quelle, ein Guthaben eröffnet wurde, von dem wir fortan nehmen können. Wie heißt es in Johannes 1,14-15? *„Aus seiner Fülle haben wir genommen Gnade um Gnade!“* ***Gnade:*** der Sündenvergebung, der Wiederherstellung, der Heilung, der Heiligung, aus Gnaden gerecht gemacht, Gnade, Wunder und Zeichen zu tun im Namen Jesu, und Gnade, siegreich zu überwinden.

Dagegen wollen die Theologen mit ihrem Unglauben die Wunder Gottes aus der Bibel entfernen, indem sie alles rational erklären und in den Bereich der Märchen und Legenden verbannt haben.

Ein Christ, der an Gott und die Bibel glaubt, ist nicht nur bereit, an Wunder zu glauben, sondern darf sie auch in seinem persönlichen Leben erwarten. Wir haben zwar kein Recht darauf. Sie geschehen auch nicht alltäglich und überall, sonst wären es keine Wunder.

Genja hat nicht nur eine Heilung erlebt – sondern ein Wunder. In ihrem Fall konnte kein Arzt helfen. Ihr Körper war jahrelang total verkrüppelt, die Knochen verschoben. Sie konnte sich kaum bewegen und nur mit Mühe Nahrung schlucken. Wider alle Naturgesetze erfolgte hier ein übernatürliches Eingreifen Gottes, der die vertrockneten Knochen zerbrach und in einem Schöpfungsakt Neues werden ließ. Darum auch das sehr deutliche Bekenntnis der Brüder, die Gott als Werkzeug des Glaubens benutzt hat: „*Wir* haben sie *nicht* geheilt.“

15

Ein Wunder für jedermann

Auf einer Fernostreise begleitete mich Eric, der ein erfolgreicher Geschäftsmann, der Generalvertreter von Mercedes Malaysia und Schatzmeister einer Freimaurervereinigung gewesen war, eine Persönlichkeit des öffentlichen Lebens, bekannt, berühmt, erfolgreich und reich.

Im Jeep fuhren wir die Straße entlang, bis wir an einen Fluß kamen, über den es keine Brücke gab und weit und breit kein Boot. Zu Fuß mußten wir hüfttief durchs Wasser waten. Am anderen Ufer gings weiter durch den Urwald. Wir waren auf dem Weg zu einer christlichen Versammlung auf Borneo. Vorher hatten wir ein Luxushotel bewohnt und in einer Veranstaltung zu Geschäftsleuten des vollen Evangeliums gesprochen, wo auch der amtierende Minister anwesend war.

Diese lange Personenbeschreibung mache ich deshalb, um unsere Frage besser zu verstehen. Eric war jetzt auch ein erfolgreicher Christ, d. h. er hatte so viel mit Gott erlebt, daß er seine hohe Anstellung und Position in der Geschäftswelt aufgab und Mitarbeiter von Asian Outreach wurde. Sein Erlebnis beeindruckte mich. So fragte ich: „Eric, wenn du deine Erlebnisse auf den Punkt bringen willst, was ist das größte Wunder oder Ereignis, das du je erlebt hast?" Seine Antwort kam prompt und ohne Zögern: „Meine Wiedergeburt!"

Weltweit habe ich diese Antwort immer wieder gehört und bestätige persönlich, daß das größte Wunder im Leben jedes Menschen die Wiedergeburt ist und sein muß.

In Johannes 3,1-21 sagt Jesus dem hochgelehrten Pharisäer: Du mußt von neuem geboren werden! *„Jesus antwortete: Wahrlich, wahrlich, ich sage dir: es sei denn, daß jemand geboren werde aus Wasser und Geist, so kann er nicht in das Reich Gottes kommen. Was vom Fleisch geboren wird, das ist Fleisch; und was vom Geist geboren ist, das ist Geist. Laß dich's nicht wundern, daß ich dir gesagt habe: Ihr müßt von neuem geboren werden ...“*

Lieber Leser, bitte lies die Verse im Zusammenhang von 1–21 und erkenne: Um ins Reich Gottes zu kommen, bedarf es einer neuen Geburt. Geburt ist gezeugt und geboren werden. Gezeugt durch das Wort Gottes, die Bibel. Durch die Heilige Schrift erkennen wir, wie weit wir von Gottes Geboten entfernt leben oder vielleicht auch nur knapp daneben. Das Wort Gottes, lebendig gemacht durch den Heiligen Geist, zeigt, wie verkehrt, schlecht und unrein wir leben. Der Maßstab ist das Wort Gottes, nicht ein Vergleichen mit anderen, die frommer oder schlechter sind als wir.

Gott ist heilig! – Was bedeutet das?

Gott ist Licht, ohne einen Schatten von Dunkelheit, das ist klar. Und nur in diesem Licht können wir in Gemeinschaft mit Gott leben (1. Joh. 1,7).

„Ach so! – Aber da kann doch keiner mithalten.“ – Richtig!

Bitte weiterlesen, dann kommt man zu der Möglichkeit der Errettung: *„... wenn wir aber im Licht wandeln, wie er im Licht ist, so haben wir Gemeinschaft untereinander, und das Blut Jesu Christi, seines Sohnes, macht uns rein von aller Sünde.“*

Das Blut Jesu ist das Lösegeld zur Bezahlung unserer Gesetzesübertretung, Untugend und unseres Unglaubens.

1. Petrus 1,18-19: „*... da ihr ja wisset, daß ihr nicht mit vergänglichen Dingen, mit Silber oder Gold losgekauft worden seid von eurem eitlen, von den Vätern überlieferten Wandel, sondern mit dem kotbaren Blute Christi, als eines unschuldigen und unbefleckten Lammes ...*"

Dieser Glaube an Jesu stellvertretenden Tod bewirkt Gerechtigkeit. Gott nimmt durch den Heiligen Geist Wohnung in uns, und wir bekommen die innere Gewißheit, mit Gott versöhnt zu sein. Diese Erfahrung heißt: Von neuem geboren sein. Das ist eine absolute Abkehr von einem gottlosen Leben, eine völlige Unterordnung unter den Willen Gottes. Man ist wie neugeboren, in eine neue Welt versetzt, mit einer neuen Lebensqualität, ein Wunder, frei von Angst und Schuld der Vergangenheit, frei von Sünde, frei von Bindungen durch Erbmasse, Tradition, Gewohnheit wie Lügen, Stehlen, Ehebruch, Rauchen, Trunksucht, Drogen usw. Ja, es ist ein Wunder, ich brauche nicht mehr zu rauchen, obwohl ich vorher täglich drei bis vier Packungen Zigaretten geraucht habe. Frei von Alkohol bzw. Drogen, obwohl vorher weder gute Vorsätze, Therapien oder gar Gefängnis Abhilfe schaffen konnte.

Diese Wiedergeburt dürfen auch Sie, lieber Leser, erwarten. Gott wird nicht versäumen, es in Ihnen sehr bald und real zu wirken.

Das Wunder der Geistestaufe

Jesus sagt wiederholt, was Johannes der Täufer gepredigt hat: „*Ich taufe euch mit Wasser; es kommt aber einer, der stärker ist als ich, dem ich nicht gut genug bin, den Riemen seiner Schuhe zu lösen; der wird euch im heiligen Geist und Feuer taufen*" (Lukas 3,16).

„*Ihr werdet Kraft empfangen, wenn der heilige Geist*

über euch kommt, und werdet Zeugen für mich sein in Jerusalem und in ganz Judäa und Samarien und bis ans Ende der Erde" (Apg. 1,8).

Die Taufe mit Feuer und Geist ist etwas, was nur Gott wirkt, und Jesus selbst hat es sich vorbehalten. Gott beruft Menschen, Prediger, Pastoren, Missionare, im Auftrag Gottes mit Wasser zu taufen:

„Und Jesus trat herzu, redete mit ihnen und sprach: Mir ist gegeben alle Gewalt im Himmel und auf Erden. Darum gehet hin und machet zu Jüngern alle Völker, indem ihr sie taufet auf den Namen des Vaters und des Sohnes und des heiligen Geistes und sie halten lehret alles, was ich euch befohlen habe. Und siehe, ich bin bei euch alle Tage bis ans Ende der Weltzeit" (Matth. 28,18-20).

„Und ich kannte ihn nicht. Aber der mich sandte, mit Wasser zu taufen, der sprach zu mir: Auf welchen du den Geist herabsteigen und auf ihm bleiben siehst, der ist's, der im heiligen Geiste tauft. Und ich habe es gesehen und bezeuge, daß dieser der Sohn Gottes ist" (Johannes 1,33+34).

Dieses Wunder der Geistestaufe bewirkt und offenbart viele Zeichen: die Geistesgaben, besonders aber das Wunder, zu beten und reden in ungelernten Sprachen oder wie alte Übersetzungen sagen: in Zungen reden:

„Und als der Tag der Pfingsten sich erfüllte, waren sie alle einmütig beisammen. Und es entstand plötzlich vom Himmel her ein Brausen, wie von einem daherfahrenden gewaltigen Winde, und erfüllte das ganze Haus, worin sie saßen. Und es erschienen Zungen, die sich zerteilten, wie von Feuer, und setzten sich auf einen jeglichen unter ihnen. Und sie wurden alle vom heiligen Geist erfüllt und fingen an, in andern Zungen zu reden, wie der Geist es ihnen auszusprechen gab" (Apg. 2,1-4).

„Strebet nach der Liebe; doch eifert auch nach den

Geistesgaben, am meisten aber, daß ihr weissagen könnet! Denn wer in Zungen redet, der redet nicht für Menschen, sondern für Gott; denn niemand vernimmt es, im Geiste aber redet er Geheimnisse. Wer aber weissagt, der redet für Menschen zur Erbauung, zur Ermahnung und zum Trost. Wer in Zungen redet, erbaut sich selbst; wer aber weissagt, erbaut die Gemeinde. Ich wünschte, daß ihr alle in Zungen redetet, noch viel mehr aber, daß ihr weissagen könntet. Denn wer weissagt, ist größer, als wer in Zungen redet; es sei denn, daß er es auslege, damit die Gemeinde Erbauung empfange. Nun aber, ihr Brüder, wenn ich zu euch käme und in Zungen redete, was würde ich euch nützen, wenn ich nicht zu euch redetete, sei es durch Offenbarung oder durch Erkenntnis oder durch Weissagung oder durch Lehre?" (1. Kor. 14,1-6).

Diese beiden Wunder, Wiedergeburt und Geistestaufe, sind die Grundausstattung Gottes, die jeder Mensch erwarten kann, damit er befähigt ist, als Gottesmensch zu leben.

Letzteres Thema ist ausführlicher behandelt in meinem Buch „Christsein, ja bitte, aber biblisch", beim AVC erhältlich.

Auch für Krankheit, tagtägliche Bewahrung und Versorgung dürfen wir bitten, und Gott in seiner Weisheit wird geben, was für uns gut und förderlich ist.

Warum erlebe ich kein Wunder?

Diese Frage wird dauernd gestellt. Gibt es darauf eine Antwort?

Ich meine: Ja! Wunder können wir nicht verdienen. Sie geschehen auch nicht als Belohnung. Im Gegenteil, es geschehen mehr Wunder, als wir glauben. Oft erkennen wir sie nur nicht. Ich habe bei über 40 Jahre unfallfrei

Autofahren und Hunderttausende Flug-km viele Wunder der Bewahrung erlebt. Auch die finanzielle Versorgung, persönlich und in der Mission, darüber wäre ein Extrabuch zu schreiben.

Wir erleben Wunder auf dem Missionsfeld, z. B. in China: Absolute Wunder der Totenerweckung. In unserer Zeitschrift „Verfolgte Christen und Nehemia-Info" berichten wir regelmäßig darüber.

„Und wo sind sie hier?" – Eben nicht hier, sondern dort, wo Gott auf dem Missionsfeld noch nicht so bekannt ist.

Biblischer Beweis:

In Lukas 16,27-29: *„Da sprach er (der reiche Mann im Totenreich zu Abraham): So bitte ich dich, Vater, daß du ihn in das Haus meines Vaters sendest – denn ich habe fünf Brüder –, daß er sie warne, damit nicht auch sie kommen an diesen Ort der Qual! Spricht zu ihm Abraham: Sie haben Mose und die Propheten; auf diese sollen sie hören."* Und weiter im 31. Vers: *„Wenn sie auf Mose und die Propheten nicht hören, so würden sie sich auch nicht überzeugen lassen, wenn einer von den Toten auferstände."*

Hier bei uns haben wir in jedem Haus eine Bibel (Mose und die Propheten). Deshalb braucht Gott sich uns nicht extra durch Zeichen und Wunder zu offenbaren.

In China, Asien und in der kommunistischen und moslemischen Welt, wo Mose und die Propheten nicht bekannt sind, redet Gott durch Wunder laut und vernehmlich.

Um sich der gottlosen Kommunisten, der frechen Atheisten und der ehrlichen Unwissenden mitzuteilen, wirkt Gott immer noch so dramatische Wunder wie in Genjas Leben.

Bulgarien hat nach der Wende auch eine Zeit dramatischer Wunder und Zeichen erlebt. Gott nahm einen bulgarischen Offizier, modern, aufgeklärt, bekannt in der Geschäftswelt und Sport und errettete ihn in einer Pfingstgemeinde. Durch Gottes Gnade war er befähigt, mit Kranken zu beten. Hunderte kamen zu seiner Arbeitsstelle. Ilia, so sein Rufname, arbeitete in einem Hotel, das vorher die Sommerresidenz des bulgarischen Staatspräsidenten Shivkow war. Ich selbst habe erlebt, wie zweimal täglich über 1 000 Menschen draußen standen, bei jedem Wetter, und warteten, daß Ilia für sie betete. Bald mußten Sportstadien gemietet werden. Hunderte und Hunderte bezeugten Heilung. In Städten von 8 000 Einwohnern kamen 12 000 Leute in die Versammlung. Ich selbst erlebte Gottes Zuwendung zu den Bulgaren in meinen Versammlungen. Mit und ohne Bruder Ilia wurden viele Menschen gerettet und geheilt. Offene Wunden wurden geheilt, und Krüppel warfen ihre Krücken weg und konnten laufen. Gott bezeugte sich an denen, die nicht Mose und die Propheten kannten. Heute noch ist Ilia unser AVC-Mitarbeiter, leider hat die orthodoxe Kirche bewirkt, daß man keine Stadien mehr bekommt. Es sind die sogenannten Frommen, die Gott aussperren.

16

Gottes Wille für dich: Gesundheit

„Vorbeugen ist besser als heilen“, diese Volksweisheit kommt von Gott. Gesundheit hat wichtige Voraussetzungen. Eine davon ist richtige Ernährung und Lebenseinstellung. Nimm die richtigen Vitamine in dir auf, damit dein Körper und Geist die rechten Abwehrkräfte gegen jeden Angriff von Krankheit hat und widerstandsfähig ist.

Von unserem Standpunkt aus gesehen ist die Erkenntnis wichtig: Gott will, daß es uns gut geht und wir gesund sind.

Nachfolgend einige wichtige Gottesaussagen, die wir kennen müssen. Nimm sie in dir auf und bekenne sie im Bewußtsein. Du weißt, was dir gehört, und was du auch in jedem Fall besitzen willst:

Die nachstehenden über 50 Bibelstellen sind wie Medizin bzw. Vitamin-Tabletten, konzentrierter Wirkstoff. Eigentlich sollten alle Vitamine in der normalen täglichen Nahrung enthalten sein. Aber da unsere Ernährung oft nur einseitig ist – manchmal sind sogar notwendige Ballaststoffe entzogen (siehe Weißmehl) –, brauchen wir zusätzlich konzentrierten Zusatz durch Medizin, Tropfen und Pillen.

Auch geistlich führt falsche Ernährung zu Mangelerscheinungen. Viele glauben z. B. nicht an Heilung und gottgewollte Gesundheit. Deshalb hier ein Konzentrat einseitiger Verse über Gesundheit und Heilung. Bitte lesen, wiederholt lesen und auswendig lernen, in sich aufnehmen, möglichst in der Bibel im Zusammenhang nachlesen. Empfehlenswert, in verschiedenen Übersetzungen nachlesen, wenn man selbst nicht den Urtext in Griechisch oder Hebräisch prüfen kann.

Göttliche Vitamine

2. Mose 15,26: „*Wirst du der Stimme des Herrn, deines Gottes, gehorchen und tun, was vor ihm recht ist, und seine Gebote zu Ohren fassen und alle seine Satzungen halten, so will ich der Krankheiten keine auf dich legen, die ich auf Ägypten gelegt habe; denn ich, der Herr, bin dein Arzt!*"

Sprüche 3,1-2: „*Mein Sohn, vergiß meine Lehre nicht, und dein Herz bewahre meine Gebote! Denn sie werden dir Verlängerung der Tage und Jahre des Lebens und viel Frieden bringen.*"

5. Mose 32,39: „*Sehet nun, daß Ich, Ich allein es bin und kein Gott neben mir ist. Ich kann töten und lebendig machen, ich kann zerschlagen und kann heilen, und niemand kann aus meiner Hand erretten!*"

Psalm 103,1-4: „*Lobe den Herrn, meine Seele, und alles, was in mir ist, seinen heiligen Namen! Lobe den Herrn, meine Seele, und vergiß nicht, was er dir Gutes getan! Der dir alle deine Sünden vergibt und alle deine Gebrechen heilt; der dein Leben vom Verderben erlöst, der dich krönt mit Gnade und Barmherzigkeit ...*"

Psalm 147,3: „*Er heilt, die zerbrochenen Herzens sind, und lindert ihre Schmerzen.*"

Jesaja 53,4-5: „*Doch wahrlich, unsere Krankheit trug er, und unsere Schmerzen lud er auf sich; wir aber hielten ihn für bestraft, von Gott geschlagen und geplagt.*"

Jesaja 57,15-19: *„Denn also spricht der Hohe und Erhabene, der ewig wohnt und dessen Name heilig ist: In der Höhe und im Heiligtum wohne ich und bei dem, welcher eines zerschlagenen und gedemütigten Geistes ist, auf daß ich belebe den Geist der Gedemütigten und das Herz der Zerschlagenen erquicke. Denn ich hadere nicht ewig und zürne nicht ohne Ende; denn ihr Geist würde vor mir verschmachten, und die Seelen, die ich gemacht habe. Über seine sündige Habgier ward ich zornig, und ich schlug ihn, verbarg mich und zürnte; da wandte er sich noch weiter ab auf seinen selbstgewählten Wegen. Seine Wege habe ich gesehen; dennoch will ich ihn heilen und ihn leiten und ihm und seinen Trauernden mit Tröstungen vergelten, indem ich Frucht der Lippen schaffe: Friede, Friede, den Fernen und den Nahen, spricht der Herr; ja, ihn will ich heilen!"*

Jeremia 30,17+18: *„Denn ich will dir Genesung bringen und dich von deinen Wunden heilen, spricht der Herr, weil sie dich eine ‚Verstoßene' nennen und sagen: ‚Das ist Zion, nach der niemand fragt!' So spricht der Herr: Siehe, ich wende das Gefängnis der Hütten Jakobs und will mich seiner Wohnungen erbarmen, und die Stadt soll auf ihrem Hügel erbaut werden und der Palast wie üblich bewohnt werden ..."*

Jeremia 33,6: *„Siehe, ich verschaffe ihr Linderung und Heilung, und ich will sie heilen und ihnen eine Fülle von Frieden und Treue offenbaren."*

Hosea 6,1-3: *„Kommt, wir wollen wieder umkehren zum Herrn! Er hat uns zerrissen, er wird uns auch heilen; er hat uns verwundet, er wird uns auch verbinden; nach zwei Tagen wird er uns lebendig machen, am dritten Tag wird er uns aufrichten, daß wir vor ihm leben; und laßt uns erkennen, ja eifrig trachten nach dem Erkennen des Herrn! Sein Erscheinen ist so sicher wie das*

Aufgehen der Morgenröte, und er wird zu uns kommen wie ein Regenguß, wie ein Spätregen, der das Land benetzt!"

Matthäus 4,23+24: *„Und Jesus durchzog ganz Galiläa, lehrte in ihren Synagogen und predigte das Evangelium von dem Reich und heilte alle Krankheiten und alle Gebrechen im Volk. Und sein Ruf verbreitete sich in ganz Syrien; und sie brachten alle Kranken zu ihm, die mit mancherlei Krankheiten und Schmerzen behaftet waren, Besessene und Mondsüchtige und Lahme; und er heilte sie."*

Matthäus 8,15-17: *„Und er berührte ihre Hand, und das Fieber verließ sie, und sie stand auf und diente ihm. Als es aber Abend geworden war, brachten sie viele Besessene zu ihm, und er trieb die Geister aus durchs Wort und heilte alle Kranken; auf daß erfüllt würde, was durch Jesaja gesagt ist, den Propheten, welcher spricht: „Er hat unsere Gebrechen weggenommen und die Krankheiten getragen."*

Matthäus 10,1.7.8: *„Da rief er seine zwölf Jünger zu sich und gab ihnen Vollmacht über die unreinen Geister, sie auszutreiben, und jede Krankheit und jedes Gebrechen zu heilen.*

Geht aber hin, predigt und sprecht: Das Himmelreich ist nahe herbeigekommen! Heilt Kranke, weckt Tote auf, reinigt Aussätzige, treibt Dämonen aus! Umsonst habt ihr es empfangen, umsonst gebt es!"

Matthäus 12,15-22: *„Jesus aber, da er es merkte, zog sich von dort zurück; und es folgten ihm viele nach, und er heilte sie alle. Und er gebot ihnen, ihn nicht offenbar zu machen, damit erfüllt würde, was durch den Propheten Jesaja gesagt ist: ‚Siehe, mein Knecht, den ich erwählt habe, mein Geliebter, an dem meine Seele Wohlgefallen hat. Ich will meinen Geist auf ihn legen, und er* *wird den Heiden das Recht verkündigen. Er wird nicht zanken noch schreien, und niemand wird auf den Gassen seine Stimme hören. Ein geknicktes Rohr wird er nicht zerbrechen, und einen glimmenden Docht wird er nicht auslöschen, bis daß er das Gericht zum Sieg ausführe. Und die Heiden werden auf seinen Namen hoffen.' Da wurde ein Besessener zu ihm gebracht, der blind und stumm war, und er heilte ihn, daß der Blinde und Stumme redete und sah."*

Matthäus 14,14: *„Als nun Jesus hervorkam, sah er eine große Menge und erbarmte sich über sie und heilte ihre Kranken."*

Matthäus 15,28.30.31: *„Da antwortete Jesus und sprach zu ihr: O Frau, dein Glaube ist groß; dir geschehe, wie du willst! Und ihre Tochter war geheilt von jener Stunde an.*

Und es kamen zu ihm große Volksmengen, die hatten Lahme, Blinde, Stumme, Krüppel und viele andere bei sich; und sie legten sie zu seinen Füßen und er heilte sie, also, daß sich die Menge verwunderte, als sie sah, daß Stumme redeten, Krüppel gesund wurden, Lahme wandelten und Blinde sehend wurden; und sie priesen den Gott Israels."

Matthäus 19,2: *„Und es folgte ihm eine große Volksmenge nach, und er heilte sie daselbst."*

Matthäus 21,14: *„Und es kamen Blinde und Lahme im Tempel zu ihm, und er heilte sie."*

Markus 6,12-13: *„Und sie gingen und predigten, man solle Buße tun, und trieben viele Dämonen aus und salbten viele Kranke mit Öl und heilten sie."*

Lukas 4,18: *„Der Geist des Herrn ist auf mir, weil er mich gesalbt hat; er hat mich gesandt, den Armen frohe Botschaft zu verkünden, zu heilen, die zerbrochenen Herzens sind, Gefangenen Befreiung zu predigen und den*

Blinden, daß sie wieder sehend werden, Zerschlagene in Freiheit zu setzen ...“

Lukas 6,18+19: *„Und die, welche von unreinen Geistern geplagt waren, wurden geheilt. Und alles Volk suchte ihn anzurühren, denn Kraft ging von ihm aus, und er heilte alle.“*

Lukas 9,6+11: *„Und sie gingen aus und durchzogen die Dörfer, predigten das Evangelium und heilten allenthalben. Als aber das Volk es erfuhr, folgten sie ihm nach; und er nahm sie auf und redete zu ihnen vom Reich Gottes, und die der Heilung bedurften, machte er gesund.“*

Lukas 10,9: *„... und heilt die Kranken, die daselbst sind, und sagt zu ihnen: Das Reich Gottes ist nahe zu euch gekommen.“*

Apg. 3,16: *„Und auf den Glauben an seinen Namen hin hat sein Name diesen Mann hier, den ihr seht und kennt, gestärkt, und der durch ihn gewirkte Glaube hat ihm diese volle Gesundheit gegeben vor euch allen.“*

Apg. 4,29+30: *„Und nun, Herr, siehe an ihre Drohungen und verleihe deinen Knechten, mit aller Freimütigkeit dein Wort zu reden; indem du deine Hand ausstreckst zur Heilung, und daß Zeichen und Wunder geschehen durch den Namen deines heiligen Sohnes Jesus!“*

Apg. 4,12-16: *„Durch die Hände der Apostel aber geschahen viele Zeichen und Wunder unter dem Volk; und sie waren alle einmütig beisammen in der Halle Salomos. Von den übrigen aber wagte keiner sich ihnen anzuschließen; doch immer mehr wurden hinzugetan, die an den Herrn glaubten, eine Menge von Männern und Frauen, so daß man die Kranken auf die Gassen hinaustrug und sie auf Betten und Bahren legte, damit, wenn Petrus käme, auch nur sein Schatten einen von ihnen überschattete.“*

Apg. 10,38: „... *Jesus von Nazareth, wie Gott ihn mit heiligem Geist und Kraft gesalbt hat, welcher umherzog, indem er wohltat und alle heilte, die vom Teufel überwältigt waren; denn Gott war mit ihm.*"

Apg. 28,8+9: „*Es begab sich aber, daß der Vater des Publius am Fieber und an der Ruhr krank darniederlag. Paulus ging zu ihm hinein, betete und legte ihm die Hände auf und machte ihn gesund. Daraufhin kamen auch die übrigen Kranken auf der Insel herbei und ließen sich heilen.*"

3. Johannes 2: „*Mein Lieber, ich wünsche dir in allen Stücken Wohlergehen und Gesundheit, wie es deiner Seele wohlgeht!*"

Hebräer 12,12+13: „*Darum recket wieder aus die schlaff gewordenen Hände und die erlahmten Knie und tut gerade Tritte mit euren Füßen, damit das Lahme nicht abweiche, sondern vielmehr geheilt werde!*"

Jakobus 5,16: „*So bekennet denn einander die Sünden und betet füreinander, damit ihr geheilt werdet!*"

1. Petrus 2,24: „... *er hat unsere Sünden selbst hinaufgetragen an seinem Leibe auf das Holz, damit wir, der Sünde gestorben, der Gerechtigkeit leben möchten; durch seine Wunden seid ihr heil geworden.*"

17

Wir sehen, erkennen und nehmen Gottes Heil

Im AT verspricht Jahwe selbst Gesundheit und Heilung. Er bietet sich als Hausarzt an. Vom ersten Blatt der Bibel an verspricht Gott einen Retter und Heiland – zu Weihnachten gedenken wir an sein Kommen in die Welt: „Euch ist heute der Heiland geboren", auch Retter genannt, Jesus, was wörtlich auf Deutsch heißt: Jehova rettet!

Das NT bietet eine Fülle von Heilung, Befreiung, Errettung, Lebensverlängerung, ja sogar Auferweckung vom Tod, also Lebensverlängerung, bis wir am Ziel sind und ewig leben werden. Jesus heilte jede Krankheit. Keinen Kranken hat er weggeschickt. Und was er selbst tat, gebot er auch seinen Jüngern zu tun und seiner Gemeinde.

Eine Palette Hilfsangebote

Unser Körper ist so geschaffen, daß Abwehrkräfte ständig in Bereitschaft sind, Schwäche, Ansteckung und Krankheit zu besiegen. In unserem Körper findet ein ständiger Krieg statt: Gut gegen Böse, Leben gegen Tod. Den Guten wie den Schlechten kommt dabei Nahrung, Klima,

Umwelt und persönliches Verhalten zugute. Jeder muß selbst vermehrt Verantwortung erkennen und wahrnehmen, um gesund zu bleiben oder geheilt zu werden.

Unser Körper, unsere Seele, sind so komplizierte „Instrumente", daß wir unbedingt die Gebrauchsanweisung des Konstrukteuers beachten müssen. „Der Garantieanspruch erlischt bei Nichtbeachtung der Gebrauchsanleitung", so liest man auf jedem Beipackzettel. Die Bibel ist Gottes Gebrauchsanweisung und Garantiebrief an die Menschheit: „Vor Gebrauch beachten!"

„Wirst du der Stimme des Herrn, deines Gottes, gehorchen und tun, was vor ihm recht ist, und seine Gebote zu Ohren fassen und alle seine Satzungen halten, so will ich der Krankheiten keine auf dich legen, die ich auf Ägypten gelegt habe; denn ich, der Herr, bin dein Arzt!" (2. Mose 15,26).

„... so sollst du ihre Götter nicht anbeten, noch ihnen dienen, und sollst es nicht machen wie sie; sondern du sollst ihre Säulen niederreißen und sie gänzlich zerstören. Und ihr sollt dem Herrn, eurem Gott, dienen, so wird er dein Brot und dein Wasser segnen; und ich will die Krankheit aus deiner Mitte tun" (2. Mose 23,24-25).

Ungehorsam bringt Gericht und Verderben! So, wie wir uns gern an Gottes Verheißungen und Segenssprüche für Israel erfreuen, müssen wir auch die Gerichtsworte an Israel als an uns gesprochen annehmen.

Ungehorsam bringt Verderben:

„Halte dich nicht selbst für weise; fürchte den Herrn und weiche vom Bösen! Das wird deinem Leib gesund sein und deine Gebeine erquicken" (Sprüche 3,7-8).

„Höre, mein Sohn, nimm meine Lehren an, sie werden dir das Leben verlängern! Ich will dich den Weg der Weisheit lehren, dich leiten auf gerader Bahn. Gehst du,

so wird dein Schritt nicht gehemmt, und wenn du läufst, so wirst du nicht straucheln. Halte unablässig fest an der Zucht, bewahre sie; denn sie ist dein Leben ... Mein Sohn, merke auf meine Worte, neige dein Ohr zu meinen Reden! Laß sie nie von deinen Augen weichen, bewahre sie im innersten Herzen! Denn sie sind das Leben denen, die sie finden und heilsam ihrem ganzen Leib. Mehr als alles andere behüte dein Herz; denn von ihm geht das Leben aus" (Sprüche 4,10-13 und 20-23).

Ein warnendes Beispiel

In 2. Chronik 21,11 ff. wird berichtet, daß der König Joram ein rebellisches, gesetzloses Leben gegen Gott führte. Gott warnte ihn durch einen Propheten. Der schrieb ihm einen Brief im Auftrag Gottes. Doch Joram beachtete die Drohung nicht, mit dem Resultat, daß er mit 40 Jahren starb, und keiner trauerte um ihn. Hier lief sogar ein König Israels Amok gegen Gott.

„Siehe, darum wird der Herr eine schwere Plage über dein Volk verhängen, auch über deine Kinder, deine Frauen und alle deine Habe. Du aber wirst viel zu leiden haben an einer Krankheit in deinen Eingeweiden, bis deine Eingeweide infolge dieser Krankheit nach und nach heraustreten werden" (2. Chronik 21,14+15).

Welch deutliches Reden Gottes! Hätte er wie später Hiskia Buße getan, gewiß wäre sein Schicksal abwendbar gewesen. Buße und Umkehr bewirken immer einen gnädigen Gott. Sogar eine ganze Stadt wurde gerettet, über die bereits das Gerichtsurteil beschlossen war und der Strafgerichtstermin schon festlag („in 40 Tagen wird Ninive untergehen").

Nur zehn Gerechte hätten Sodom und Gomorra verschonen können. So ist Gott, gnädig, barmherzig und von großer Güte.

Verschuldete Krankheit durch Sünde muß nicht in den Tod führen, auch dann gilt Gottes Angebot der Sündenvergebung, Heilung und kompletten Wiederherstellung. Erinnere dich, lieber Leser, an Psalm 103,1-4.

Krankheit muß nicht Sünde und Gericht sein

Seit dem Sündenfall ist unser Leben auf Erden zeitbegrenzt. Unsere Organe, Muskeln, Sehnen, Knochen, Nerven und Adern unterliegen dem Verschleiß. Klima, Nahrung, Arbeitslast, Sport, Unachtsamkeit, Raubbau fordern ihren Tribut. Schon Kleinkinder müssen zum Zahnarzt. Süßer Tee, der augenblicklich Weinen stillt, bewirkt schon wenige Jahre später langes Weinen durch Zahnschmerzen. Das ist keine Sünde der Kinder, eher die Unvernunft der Eltern, die ihre Kinder durch Unwissenheit schädigen.

Von dem gesegneten und erfolgreichen Propheten Elisa heißt es, daß er eine Krankheit bekam, an der er starb (2. Kön. 13,14). So einfach trifft die Regel auch auf ihn zu. Nie starb jemand an Gesundheit. Gott hat nur verheißen, daß man lebenssatt stirbt, d. h. in einem schönen Alter, nach getaner Arbeit, erfüllten Aufgaben, versöhnt mit Gott und Menschen. Für Christen ist Sterben ein Heimgehen.

Sei bereit, zu Gott zu gehen, wenn er dich heimruft. Unser schönstes Ziel sind die von Jesus vorbereiteten Wohnungen (Joh. 14). Jesus will, daß wir da sind, wo er ist. Er ist beim Vater. Unbeschreibliche Wonne und Herrlichkeit wartet auf die Kinder Gottes.

Krankheit, ein Vorbote des Todes, kann auch als ein von Gott gesandter Bote zu uns kommen, um uns rechtzeitig vorzubereiten auf die Ewigkeit. Bete nicht gleich jedes Leid und jeden Schmerz weg, bevor du nicht die Botschaft und Lektion gelernt hast, was dir diese Lebenssituation sagen will.

Gesundheit und Krankenheilung ist zwar unser göttliches Guthaben und Segenszuspruch, dennoch beachte: Ein Guthaben bei der Bank, obwohl es dein Eigentum ist, kann nur zu Vertragsbedingungen abgehoben werden. Du mußt die Öffnungszeiten der Bank beachten und darfst nicht mit Gewalt die Türen und Tresore aufbrechen.

Leiden ist manchmal auch eine Schule einer schwer zu lernenden Lektion. Mitgefühl und Mitleiden lernt man nur durch Selbstleiden.

Hebräer 5,8+9: *„Und wiewohl er Sohn war, hat er doch an dem, was er litt, den Gehorsam gelernt; und so zur Vollendung gelangt, ist er allen, die ihm gehorchen, der Urheber ewigen Heils geworden."*

Jesus lernte durch Leiden Gehorsam – eine nachdrückliche Aussage der Heiligen Schrift!

Paulus, der große Gottesmensch und eifrige Arbeiter für Gott, hatte oft leibliche Probleme. Krankheit, durch Menschen zugefügt, waren schmerzvolle Erfahrungen, z. B. als er gesteinigt oder ausgepeitscht wurde. Er selbst bekennt: Satan schlägt mich mit Fäusten.

Wenn er Hunger, Reisestrapazen, Schiffbruch erlebte, waren das für den Leib mühevolle Qualen. Das alles hätte er sich ersparen können, sich zur Ruhe setzen, wenn er nur aufgehört hätte, diesen Christus zu predigen. Im Judentum wäre ihm Anerkennung zuteil geworden. Andere versuchten, ihn zum Judentum zurückzugewinnen, indem er die Beschneidung und die Zeremonialgesetze wieder praktizieren sollte. Paulus lehnte aber ab und sagte: „Auch wenn unser äußerer Mensch zerfällt, der innere soll aufgebaut und verherrlicht werden."

In 2. Tim. 4,20 schreibt Paulus: *„Trophimus ließ ich in Milet krank zurück."* Sein Mitarbeiter Timotheus litt an Magenbeschwerden, die nicht weichen wollten. In Phil. 2,37+30 lesen wir, daß ein Mitarbeiter von Paulus todkrank wurde im Einsatz und Dienst für Gottes Werk, aber dann durch Fürbitte Heilung und Lebensrettung erhielt. Es bleibt aber: Nichts soll uns scheiden von der Liebe Gottes (Römer 8).

Obwohl Paulus von seinem bevorstehenden Tod eine Ahnung hatte, bekennt er in 2. Tim. 4,6-8: *„Denn ich werde schon geopfert, und die Zeit meiner Auflösung ist nahe. Ich habe den guten Kampf gekämpft, den Lauf vollendet, den Glauben bewahrt; hinfort liegt für mich die Krone der Gerechtigkeit bereit, welche mir der Herr, der gerechte Richter, an jenem Tage zuerkennen wird, nicht aber mir allein, sondern auch allen, die seine Erscheinung liebgewonnen haben."*

**Um das Leben zu verlängern,
gibt die Bibel gute Tips, zum Beispiel:**

1. *„Ehre deinen Vater und deine Mutter, das ist das erste Gebot mit Verheißung: auf daß es dir wohl gehe und du lange lebest auf Erden"* (Epheser 6,2).
2. *„Wohl dem, der auf den Dürftigen achthat; ihn wird der Herr erretten zur bösen Zeit; der Herr wird ihn bewahren und am Leben erhalten; es wird ihm auf Erden wohl ergehen, und du wirst ihn nicht in den Willen seiner Feinde geben"* (Psalm 41,2+3).
3. *„Wer hat Lust zum Leben und möchte gern gute Tage sehen? Behüte deine Zunge vor Bösem und deine Lippen, daß sie nicht trügen"* (Psalm 34,13+14).

4. Das Abendmahl, unwürdig genommen, kann Krankheit und vorzeitigen Tod bewirken. Nimm das Abendmahl regelmäßig in deiner Gemeinde als Vorbeugung und zur Heilung. Es wird dir guttun. Viele Zeugen berichten, daß sie durch gläubiges Handeln beim Abendmahl, wenn es eine biblisch gegründetete Gemeinde ist, geheilt wurden. Dort beten die Ältesten regelmäßig für Kranke, wenigstens beim Abendmahl. Ich persönlich nehme das Brot beim Abendmahl zur Vorbeugung von Krankheit.

Jakobus, der Bruder Jesu, gibt noch einen wichtigen Hinweis zur Heilung:

„Leidet jemand von euch Unrecht, der bete; ist jemand guten Mutes, der singe Psalmen! Ist jemand von euch krank, der lasse die Ältesten der Gemeinde zu sich rufen; und sie sollen über ihn beten und ihn dabei mit Öl salben im Namen des Herrn. Und das Gebet des Glaubens wird den Kranken retten, und der Herr wird ihn aufrichten; und wenn er Sünden begangen hat, so wird ihm vergeben werden“ (Jakobus 5,13-16).

Aus dem Text lernen wir:

1. Auch Christen können in Leiden geraten. Gegenmedizin: Gebet!
2. „Wer guten Mutes ist, der singe Lieder“, das fördert nach Sprüche 17,22 und 15,13 Lebensqualität.
3. „Ist jemand krank, dann rufe er die Ältesten der Gemeinde.“ (Man braucht also eine Gemeinde und eine-Gemeinde braucht Älteste.) Die Ältesten nehmen Sündenbekenntnisse an, salben mit Öl – das ist nicht die „letzte Ölung“ als Sterbesakrament –, und das Gebet des Gerechten richtet den Kranken auf, er wird ge-

sund. Für Gläubige ist der Ruf nach den Ältesten wichtiger, als den Notarzt zu rufen. Als ich Gemeindepastor war, wußten meine Mitgeschwister, daß sie mich wie einen Arzt bei Tag und Nacht rufen durften. Meine Mitältesten wußten ebenfalls, daß ich auch nachts vor ihrer Tür stehen konnte, um sie zu einem Krankengebet mitzunehmen. Nach unserem Gebet habe ich manchmal sogar empfohlen, den Arzt aufzusuchen bzw. zu rufen, besonders wenn es sich um Kinder handelte. Wir wollen auch nicht verantwortungslos sein und den Spöttern oder dem Gesetz Anlaß geben, uns wegen unseres Glaubens zu kritisieren. Befolge dieses Hausrezept. Es beinhaltet wunderwirkende Gnade Gottes.

Arzt und Medizin contra Gott?

Ich glaube nein. Soweit es sich um Schulmedizin und Krankenpflege handelt, hat sogar eine Operation schon sehr oft Hilfe bewirkt. Sogar Operateure haben bezeugen müssen, etwas von Gottes Gegenwart verspürt zu haben, weil Christen beten und in Fürbitte begleitet werden, während an ihnen gearbeitet wurde.

Vorsicht bei Naturheilverfahren!

Nicht alles, was als Natur angeboten wird, ist nur Blütentee und Kamillenumschläge. Erkundigt euch, ob über dem Heilungstee gependelt wird, ob die Heilpraktiker ihre Produkte besprechen und magische Kräfte hineinlegen und darauf hinweisen. Abstand von allem, was nicht neutral verabreicht wird! Noch besser: Nimm nur an, was dir mit Gebet und im Namen Jesu helfen soll.

Leider ist der Teufel so dreist und listig, daß er sogar die Form: „Im Namen des Vaters, Sohnes und Heiligen Geistes“ verwendet und mit Kreuzzeichen versieht, aber das Blut und die Herrschaft Jesu leugnet.

Ich hoffe, meine Ausführungen bringen Sie zum Forschen in der Schrift. Dort finden Sie Jesus, den Heiland für Leib, Seele und Geist. Das Wort Gottes ist ein Vermächtnis, ein Testament für uns. Im Glauben sind wir Erben aller Errungenschaften Jesu. Nach seinem Sterben ist das Testament rechtmäßig eröffnet, und Heilung gehört uns. In meinem Buch: „Christsein, ja bitte, aber biblisch“ habe ich ein ausführliches Kapitel über Heilung geschrieben: „In der Bibel bin ich gesundgeschrieben.“

Ich bete für jeden Leser dieser Zeilen. „Lieber Vater im Himmel, im Namen Jesu, ich schließe mich dem Gebet der Urgemeinde in Jerusalem an (Apg. 4,24-31):

Herr, siehe die Bedrohung und Not meiner Mitmenschen und Mitchristen an. Herr, strecke Deine Hand aus über mich und meine Leser. Laß Heilung, Zeichen und Wunder geschehen durch den Namen Deines heiligen Sohnes Jesus.

Lieber Vater, danke, Du hörst mich und läßt Deine göttliche Kraft jetzt fließen, während meine Leser sich jetzt im Glauben mit Dir verbinden.

Diese Zeilen sollen die Wirkung haben wie die Tücher, die man von Paulus auch auf die Kranken legte. Wie der Schatten von Petrus Glaubenshilfe war, so bitte ich jetzt, daß meine Erklärung Dein Wort, Heilung und Wunder wirken, weil Dein Sohn, Jesus Christus, immer noch der Mitwirkende ist, wo Dein Wort gesprochen wird. Danke, danke, lieber Herr, in Deinen Wunden sind wir geheilt.“

Bitte, versäumen Sie nicht, Ihre Gebetserhörungen und Glaubenserfahrungen mitzuteilen. Wir wollen uns mit Ihnen über Gottes Wirken freuen.

18

Redet Gott immer noch

Neben dem Wunder der Heilung ist ein noch anderer Faktor im Leben Genjas verblüffend: Das direkte Reden Gottes. Es klingt so einfach: „Gott sagte: ‚Geh nicht, ... iß das nicht ... usw.‘ Aber auch: ‚Wir beteten: Herr, wir haben die Adresse vergessen, wohin ich gehen soll. Und Gott sagte uns die Anschrift noch einmal ...‘“

Gibt es so etwas überhaupt? Offensichtlich ja. In der Bibel lesen wir, daß Gott genauso zu Abraham, Mose, den Propheten und vielen anderen gesprochen hat.

Auch im Neuen Testament wird berichtet, wie Gott seine Leute anwies, wohin sie zu gehen hatten, was zu tun sei, z. B. bei Philippus, Ananias, Petrus, Paulus.

Mein Vater hat uns oft erzählt (siehe „Der Grenzgänger“), wie Gott zu ihm mit hörbar lauter Stimme geredet hat.

Obwohl auch auf diesem Gebiet manche Einbildung und manches Selbstgespräch mit göttlichem Reden verwechselt wird, gibt es Gottes gnädiges Reden zu seinen Kindern. Natürlich muß alles im Rahmen der Bibel bleiben, am Maßstab der Bibel gemessen werden.

Ein Negativ-Beispiel: Eine Frau behauptet, Gott habe ihr gesagt, sich scheiden zu lassen und einen anderen Mann zu heiraten. Obwohl das sehr persönlich ist, ist es dennoch extrem falsch. Denn Gottes Führungen widersprechen nie seinem Wort. Er wird nie etwas dulden oder anordnen, was er grundsätzlich sündig nennt.

Jesus sagt: „Meine Schafe hören meine Stimme, ... und sie folgen mir!“

Bei mir ist es so, daß ich vom Worte Gottes angesprochen werde und in meinem Gewissen und Geist Erkenntnis und Weisung von Gott erhalte. In Gedanken nehme ich wahr: „Gott hat gesagt!“ Dann prüfe ich, ob es sich verwirklichen läßt. Wir können es auch verpassen, daß etwas nicht getan wird, was Gott durch uns tun möchte. Ich habe manchmal gemerkt, Gott wollte durch mich etwas getan haben. Mir aber fehlte die Sicherheit, ob es wirklich Gott war, der da geredet hat – so zögerte ich, vergaß es, war nicht schnell und gehorsam genug. Und siehe da, jemand anders hatte besser und schneller gehört, tat genau das, was Gott mir aufgetragen hatte, war ein Segen und selbst gesegnet.

Es ist gut und wichtig, auf den Herrn zu harren. Harren ist ein altdeutsches Wort. Es kommt aus der Jägersprache und bedeutet: zielbewußt warten, konzentriert ein Ziel anvisieren. Auf Gott warten heißt also hinhören, wenn man betet, nicht nur reden, sondern auch anhalten beim Beten. Ein lieber Freund hat die Stelle im Römerbrief: „Haltet an am Gebet“ so ausgelegt: Halt mal an, wenn du betest!

Gott fällt uns nicht einfach ins Wort. Er wartet, bis wir ihn auch reden lassen. Wenn er ungefragt in unser Leben hineinredet – dann geht es oft um Gericht und Verderben. Gott redet auch durch Träume, wie bei Josef, dem Sohn Jakobs oder auch Josef, dem Mann Marias. Er redet durch Führungen, Geschehnisse und durch Predigten. Geh’ mal wieder in eine Bibelstunde, hör’ mal wieder eine Predigt.

Genja war besonders begnadet und ist es heute noch.

Sie erlebt Gottes Reden auch in den USA, nicht nur in der Verfolgung in Rußland.

„Herr, ich liebe dein Wort!“ Wenn das Ihr Bekenntnis ist und Sie gerne den Befehlen und Gesetzen der Bibel folgen wollen, wird Gott gerne und liebevoll auch weiterhin persönlich zu Ihnen reden.

„Aufbruch im Reich der Mitte“

Paperbackausgabe
315 Seiten, DM 24,80

Zeugnisse über Gottes Wunder in China.

Leseprobe

Damit brach das Verhör bereits ab. Der Geheimpolizist, der das Gespräch führen sollte, geriet in Zorn. Mit starrer Miene nickte er einigen Männern zu, die im Hintergrund standen. Sie stürzten sich auf den jungen Mann und prügelten auf seinen Rücken und Bauch ein. Er versuchte, stehen zu bleiben, doch unter der Wucht der Hiebe verlor er das Gleichgewicht und schlug, da er sich mit seinen gefesselten Händen nicht abstützen konnte, hart auf den Boden auf. Sie traten ihn, als wäre er ein Ball. Nachdem sie noch eine Zeitlang auf den Liegenden eingeschlagen hatten, trugen sie ihn in den offenen, kalten Hof und zwangen ihn, dort zu knien. Die Polizisten hatten selbst schon keine Lust mehr, also holten sie einen anderen Gefangenen, der wegen seiner Gewalttätigkeiten eingesperrt worden war, und er erhielt den Auftrag, den jungen Christen zu schlagen und zu treten. Bald blutete er aus Mund und Nase und rang nach Luft, schließlich fiel er vornüber auf die Erde.

Doch noch immer war es nicht genug. Jetzt zerrten sie ihn wieder hoch und schleppten ihn zurück in den Raum zu einer Betonsäule, lehnten ihn mit dem Rücken dagegen und zwangen seine Arme rückwärts um die Säule, bis sie die Handgelenke mit Handschellen verschließen konnten. Die Haltung, in der er sich jetzt befand, war äußerst schmerzhaft. Es war fünf Uhr morgens, als sie ihn so an diesen Pfeiler stellten. Er sah entsetzlich aus, aus dem Gesicht war jede Farbe gewichen. Doch er achtete nicht auf seine Schmerzen, sondern betete laut und vernehmlich: „Herr, vergib diesen Polizisten ihre Schuld. Beschütze alle meine Geschwister, die auch hierher gebracht worden sind, hilf ihnen, stark und mutig zu sein." Doch schon bald wurden die Schmerzen seiner nach hinten gezogenen Arme und seines verletzten Körpers so groß, daß er das Bewußtsein verlor. Erst um fünf Uhr abends wurde er aus dieser Lage befreit ..."

„... Die Christen, die gefesselt im eisigen Fahrtwind auf einem Lastwagen standen, sahen nachdenklich zurück. Wieviel hatten sie in den wenigen Tagen ihrer evangelistischen Reise erlebt. So viele Bilder, die sich ihnen aufdrängten! Da riß sich Sheng aus ihren Gedanken los und stimmte ein Lied an, in das alle einstimmten. Der Text ist ein Zitat aus dem Hebräerbrief:

„Erinnert euch an die früheren Tage, als ihr nach eurer Erleuchtung manchen harten Leidenskampf bestanden habt: Ihr seid vor aller Welt beschimpft und gequält worden, oder ihr seid mit betroffen gewesen vom Geschick derer, denen es so erging; denn ihr habt mit den Gefangenen gelitten und auch den Raub eures Vermögens freudig hingenommen, da ihr wußtet, daß ihr einen besseren Besitz habt, der euch bleibt. Werft also eure Zuversicht nicht weg, die großen Lohn mit sich bringt. Was ihr braucht, ist Ausdauer, damit ihr den Willen Gottes erfüllen könnt und so das verheißene Gut erlangt. Denn nur noch eine kurze Zeit, dann wird der kommen, der kommen soll, und er bleibt nicht aus. Mein Gerechter aber wird durch den Glauben leben; doch wenn er zurückweicht, habe ich kein Gefallen an ihm. Wir aber gehören nicht zu denen, die zurückweichen und verlorengehen, sondern zu denen, die glauben und das Leben gewinnen."

Sie sangen es immer wieder, zuerst vorsichtig, um die Reaktion der begleitenden Soldaten abzuwarten, dann immer lauter, da niemand versuchte, sie vom Singen abzuhalten. Tränen rannen über die meisten Gesichter, während sie sangen, aber durch dieses Wort bekamen sie sichtlich neue Stärke und Ermutigung. Gott würde ihnen helfen, nicht zurückzuweichen. Die unbewohnte Landschaft rechts und links der Straße, die Ebene und die Hügel in der Ferne hallten wider von ihrem Singen ..."

„... Zwei Tage nach dieser Begegnung im Hof machte Tante Dong einen Besuch in Shengs Zelle. Mitgebracht hatte sie ihre größte Kostbarkeit: Ein kleines Notizbuch, das bis zur letzten Seite vollgekritzelt war mit Bibelstellen und Liedern, wobei die Texte der meisten Lieder auch Bibelworte waren. Sie wollte es Sheng für einige Zeit ausleihen. Kaum hatte Sheng dieses wunderbare Büchlein gesehen, wußte sie sofort und ganz sicher, was Gott wollte. Sie sollte so viele Abschriften wie möglich davon machen.

So konnte Gott beginnen, in diesem Arbeitslager zu wirken. In den beiden Zellen, in denen die Christinnen wohnten, entschieden sich immer mehr Gefangene, Jesus zum Herrn ihres Lebens zu machen. Je mehr neue Christen Sheng um sich herum hatte, um so dringender wurde ihr Wunsch nach einer vollständigen Bibel. Die Christen in ihrer Zelle brauchten dringend Gottes Wort, um dadurch zu neuen Personen verändert zu werden. Es dauerte nicht lange, dann konnte Tante Dong eine ganze Bibel für Sheng besorgen.

Das Risiko, erwischt zu werden, war groß, und die Strafe wäre vermutlich schrecklich gewesen, aber Sheng verkroch sich von nun an jeden Abend unter ihrer Bettdecke und schrieb Teile der Bibel ab. Jede Nacht verbrachte sie schreibend. Manchmal wurde im Lager ein Film gezeigt, das waren die Gelegenheiten für Dong und Sheng, sich zu treffen. Dann steckte Sheng ihr die abgeschriebenen Bibelteile zu, und Dong gab sie an die neuen Christen weiter ...“

„... Augenblicke später stürmte sie in das kahle Zimmer, wo auf der Bank drei Personen saßen, die sich eifrig mit ihren Strohhüten Luft zufächelten. Als Sheng sah, wer sich da hinter den Hüten versteckte, war sie sprachlos vor Freude. Auch ein wenig Angst schwang mit. Denn vor ihr saßen Schwester Bai und Bruder Ming, die beide auf den öffentlichen Fahndungslisten standen. Wie mutig von ihnen, hierher zu kommen. Bruder Ming war ein leitender Mitarbeiter der Gemeinden in der Stadt „F“. Seit die Pastoren verhaftet oder untergetaucht waren, hatte er ihre Aufgaben und ihre Verantwortung übernommen. Sheng war tief berührt von so viel Mut und Liebe, wie sie diese Geschwister mit ihrem Besuch unter Beweis stellten. Hatten sie sich damit doch mitten in ein Zentrum der Geheimpolizei und der Soldaten begeben. Mit dem Besuch dieser Geschwister hätte Sheng nie gerechnet, und natürlich freute und ermutigte diese Überraschung sie sehr ...“

„Christ sein. Ja bitte – aber biblisch!“

Waldemar Sardaczuk
121 Seiten, DM 7,50

Dieses weit verbreitete, in etliche Sprachen übersetzte Buch erzählt praktisch und überzeugend, daß „Christsein“ nur dann Bedeutung und Wert hat, wenn es biblisch beginnt, fortgesetzt und gelebt wird. Sie finden Antwort auf: Christsein, was ist das? Warum sollte man es sein? Wie wird man ein Christ? Und wie bleibt man ein Christ? Ein Instrument für Seelengewinner. – Sonderpreise bei Abnahme größerer Mengen.

„Im Magnetfeld des Kreuzes“

Waldemar Sardaczuk
142 Seiten, DM 7,80

Lebensberichte, ohne Beschönigung. Aus der Tiefe des Wahnsinns, Alkoholismus und Gottesferne gerettet. Lebenszeugnisse von Gottsuchern. Befreiung aus Irrtümern wie Scientologie. Ein Verteilbuch für Gott Fernstehende und Atheisten.

„Der Grenzgänger“

Waldemar Sardaczuk – 5. Auflage
146 Seiten, DM 16,80

Der Missionsleiter erzählt seine Geschichte und die des AVC. Ein spannendes Buch mit vielen Reiseabenteuern. Ein Buch, das berichtet, wie ein weltweites Hilfswerk begann und zur Zeit jährlich über 1000 Tonnen Hilfsgüter transportiert.